いつか来ると わかっていた介護

その現状と映画

今泉容子

彩流社

はじめに

「周りの人たちはみんな死んだ。わたしは一人ぼっちになってしまって、どうしたらいいのか、わからなくなった。」

そう言いながら悪夢から目覚めた父は、目に涙を浮かべた。

父は末期の肺がんで、骨とリンパも転移したがん細胞に侵されていた。苦しい呼吸をしながら、死の床に横たわっていたが、その頬を静かに涙が伝わった。

「悲しいの?」と聞くと、「人間だから」という答えが返ってきた。

人間として死に直面したときの恐怖と悲痛。父はそれと戦っていたのだ。その後、三週間たらずで、父の呼吸は止まった。周りの人たちは、みんな生きていた。死んだのは父のほうだった。

いつか介護のことを真剣に考えよう、と思う人は多いだろう。その「いつか」は、突然やってくるかもしれない。わたしの場合はそうであった。あまりにも突然であり、かつ状況はつぎつぎに変化していったため、立ち止まって考える余裕はなかった。わたしが父の(そして母の)介護をするために、自分の家を出て二人の家へ入ったのは、父の死の四カ月前であった。わたしは自発的に親の家へ移動した。ところが、ひとりのヘルパーに父はこう言ったそうである――「ヨーコは東京でそれなりの生活をしていたのに、わたしがヨーコを名古屋へ呼び戻した。迷惑をかけた。」父がわたしを呼び戻したなら、なぜ、そのわたしを置き去りにして、これほどまでに早く永遠に消えてしまったのか。

毎日、血を吐くような苦痛が臓腑を切り裂く。しかし、父の声が聞こえたように思った――「経験したことを書いて、社会のためになるような本を出しなさい。」この声は、以前にじっさい父の口からわたしに発せられたものだった。そのときは、自分の経験を書くことはしなかった。今回は、書こうと決意している。いつも社会に役立つことを念頭においていた父だから、父が利用した多岐多様にわたる介護サービスを、「利用者の視点から」具体的なエピソードに言及しつつ記述することで、これまであまり公表されてこなかった利用者のストレートな声を統括的に示すことができるかもしれない。それによって社会への貢献が期待できるかもしれない。

この本を、父に捧げたい。シェイクスピアのハムレットが亡父の声と姿に導かれて行動を起こしたように、わたしは父の(聞こえたように思った)声に働きかけられて、執筆に取りかかったのだから。

もうひとり、この本を捧げたい人がいる。父が亡くなる二カ月前に、何の前触れもなく現れ、またたく間に稀有な関係を築きあげたヘルパーがいた。歩行器を使って軽やかに移動していた父が、ベッドで寝たきりになってしまうまでのプロセスを見守ってくれたのは、彼だった。父が素人離れした声で歌っていることに気づき、歌うことで肺が広がることに着眼して夜ごとに「会議」を設定してくれたのは、彼であった。「会議」とは、父が好きな歌をヘルパーの音頭で二人して合唱するための「歌の会議」のことだった。父は声を出せるあいだは、つねにこの「会議」を気にかけ、「つぎの会議はいつですか」と尋ねていた。父は彼に気をゆるし、ベッドの淵に並んで座るように手招きしたこともあった。父が最後の息をした日にこのヘルパーは涙を流し、静かに凛々しく横たわる父に「ありがとうございました」と別れの言葉をかけてくれた。彼なしでは、父の人生の最期は異なる形になっただろう。父に捧げる本書は、同時に父の最晩年の友であるこのヘルパーへも捧げたい。

序文

ドキュメンタリー——介護の現状

介護の車が走る。デイサービスを利用する人のための送迎車や、訪問介護に出かけるヘルパーの社用車は、多くの事業所が日々走らせている。車には障害者のための国際シンボルマークがついているし、事業所の名称やアイコンがしっかりと塗られているので、すぐ目につく。一日たりとも、介護の車を目にしない日はない。

右からも左からも介護の車が走ってくるような道路事情は、二十年前には見られなかった。二〇〇〇年に介護保険法が施行され、さまざまな介護サービスが国の介護保険で利用できるようになってからのことである。四十歳になると介護保険料負担の義務が発生するようになったのも、そのときからである。四十歳をむかえたとき、これまでになかった保険料の項目を給与明細のなかに初めて見つけて、「これは何だ?」と思った人もいるだろう。

介護保険法はまだ成長を続ける流動的な法である。一九九七年に成立し、二〇〇〇年に施行されたこの法は、これまでに六回の改正(二〇〇五年、二〇〇八年、二〇一一年、二〇一四年、二〇一七年、二〇二〇年)を経て現在にいたっている。改正のたびに、重要なサービスが創設されたり、強化されたりしてきた。介護にかかわる人は、利用者であれ、提供者であれ、この介護保険法にどっぷりと浸かることになる。わたしの死んだ父も、そうであった。

父は元気なときに、デイサービス(通所介護)に通い、ショートステイ(短期入所生活介護)を経験した。さらに、有料老人ホームへも入居した。ただし、四カ月後にその老人ホームから退居して、

介護の車に見る障害者用国際シンボルマーク

毎日走る介護施設の車、ここにも

そして、そこにも

「施設への入居」の対極にある「在宅での介護」を死ぬまで選択したのである。本書の前半では、ドキュメンタリ（事実の記録）の手法で父が経験した介護サービスの数々が記述されていく。介護の現状を「利用者の視点から」描写したいと思う。

父が元気だったときに受けていた介護関連の支援のうち、老人ホームへの入居は、異例の選択だったかもしれない。通常は在宅で介護ができなくなったときに選択されるはずのホームへの入居を、父は元気なときに選んだのであった。それはホームに少しでも快適な生活を求めての決断だった。じっさい、楽しい暮らしであったようだが、その楽園を退居することになったのは、父が人生の羅針盤を母に預けたからであった。父は「何でもお母さんの言うとおりにしたい」と、母に従って老人ホームを後にしたのだった。母は自宅を恋しがり、退居を主張していたから。

老人ホームを退居したころには「噛みつかれたような激しい痛み」が右脚を襲いはじめていた。やがて咳も出はじめたため、二十年来のかかりつけ医に検査してもらった。「がん」という言葉はこの医師の口からは出てこなかったし、二十年のあいだ定期的に撮っていたレントゲンは「異常なし」だったし、咳を鎮める薬が処方されたことは妥当と思われた。股開き体操も、指示どおり実践した。しかし、まもなくヘナヘナと座り込んだまま立ち上がれなくなった父は、名古屋の日本赤十字病院へ救急搬送され、そこでの検査の結果、末期の肺がんと転移した骨がんが判明したのであった。それからである、本格的な介護がはじまったのは。

父の家へおおぜいの介護職員たちが来てくれて、身体の世話や生活の援助をしてくれた。訪問看護や在宅医療も加わった。生から死への急降下の軌跡に、さまざまな介護関係の人たちが関わり、父の介護の記録を残してくれたが、元気なときと死に瀕したときを合わせると、父が受けた介護はじつに広範囲にわたる。利用度がもっとも高かったのは、在宅のホームヘルプサービス（訪問介護）であり、これは一九六三年に成立した「老人福祉法」によって法制化した「家庭奉仕員派遣」が前身だった。デイサービス（通所介護）も経験したが、これは一九七九年に開始された制度だった。二〇〇〇年に介護保険法が施行（成立は一九九七年）されると同時に創設されたケアマネージャーとも付き合った。二〇〇六年と二〇一一年の介護保険法改訂によってそれぞれ創設された小規模多機能型居宅介護と定期巡回・随時対応型訪問介護も、やはり父は経験したのであった。

父が利用した介護は、その記録が二つに分類されてわたしの手元に残っている。ひとつは動画である。わたしは学生時代からビデオを撮り流す習慣があった。「そんな垂れ流し的な撮りかたは、やめたほうがいい」と幾度となく注意を受けても、やはりビデオカメラを平坦な机のうえに置いて撮り続けてきた。父の介護のときも、そうしたビデオ撮影をしていた。射程内に入る人には「そこでビデオ撮ってます」と断ってきた。こうした動画が山のように蓄積された。

動画のほか、父の介護に従事したヘルパーたちが記した「サービス実施記録」（または「サービス提供記録」）といった文書あるいは電子ファイルが、十冊ほどの冊子になって残されている。心のこもった観察の結果が、あちこちに見られる。

本書の前半では、そうしたビデオ動画と介護実施記録という貴重な資料を活用しながら、介護の実態を「利用者の視点から」記述していく。たしかに介護について体系的に解説するガイドブックは多く流通している。それらの著作から学べることは、たくさんある。しかし、利用者がじっさいに体験した実話は、断片的に紹介されることはあっても、まとまった形で提示されることはなかった。利用者である父とその家族(わたし)が体験したことを中心軸にすえて、一般的な介護関連の書物とは異なる価値をもつ「利用者の視点から語る介護」に関する本をつくることが、この執筆の前半の目標である。

「利用者の視点から」と言っても、提供者の言い分も可能なかぎり織り込もうとした。利用者と提供者は、運命をともにする相棒であり、全面的に信頼し感謝し合ってこそ介護が成り立つのであるから。

フィクション——介護の映画

本書の後半では、ドキュメンタリの対極にあるフィクションが考察される。一般に映画と呼ばれる物語映画(narrative film)を対象とし、そのなかに介護がどのように描かれているかを分析するのである。映画における介護の変遷を解明することに主眼がおかれ、本書の前半で言及した介護サービスが、映画というフィクションのなかにどのような形で登場するかが明らかにされる。

映画研究はわたしの専門分野である。これまでに日本と外国の映画に描かれてきた多くのテーマを取り上げ、そうしたテーマにそって映画を分析してきた。映画における介護、高齢者、病気、食事、住居、娼婦、市民、原爆、ゴジラ、モダンガールなどのテーマについて、映画小史を構築してきた。

映画における介護というテーマは、ここ十数年にわたって探求してきたものである。父の介護を始める前、わたしは日本映画が辿る独特な介護の変遷を分析し、その成果を世界各国で開かれる国際会議で発表していた。日本が世界に先駆けて認知症映画というジャンルをつくったことを明らかにし、「認知症映画の先進国ニッポン」について話したり、日本映画と外国映画にみられる「介護の違い」について比較したりした。

介護が映画のなかに描かれるとき、もっとも頻繁に取り上げられる病気は「認知症」である。現実の死亡率一位の「がん」を大きく引き離し、トップである。がんを描く映画は少ないわけではない。しかし、がんが発見されたり告知されたりしたあと、本格的な介護が描かれることは少なく、むしろ余命をどのように自分らしく生きるか、というテーマが進展することが多いのである。

がん映画の傑作なら、一九五二年に公開された黒澤明監督の『生きる』がある。胃がんのため余命数カ月の渡邊勘治(出演・志村喬)は、市役所の職員であったが、「やればできる。ただ、やる気になれば」と最後の力を振り絞ることになる。毎年却下されていた公園整備の認可を取りつけ、五カ月で市民のために新公園を完成させ、死んでいったのである。介護は、いっさい出てこない。六十年以上経過した二〇一六年であっても、『湯を沸かすほどの熱い愛』(監督・中野量太)に登場する幸野双葉(出演・宮沢りえ)は、余命二、三カ月の末期がん告知を受けたあと、愛人の元に走っていた夫を連れ戻し、「どうしてもやらなきゃいけないこと」をやり遂げる。やはり、介護は出てこない。

がん映画と異なり、認知症映画にはまちがいなく介護が出現する。介護なしには、認知症患者は生活することができないからである。介護を「認知症患者の介護」に絞って、映画における介護のありかたの変遷をくっきりと浮き彫りにすることが、本書の後半の目標である。

日本における介護映画の第一号は、一九七三年に公開された『恍惚の人』である。そのときには介護保険法は存在せず、本書の前半でクローズアップされる介護福祉士も存在しなければ、ケアマネージャーも存在しなかった。一九六二年に創設され、翌一九六三年の「老人福祉法」によって法制化された「家庭奉仕員派遣」(ホームヘルプサービス)はあったにしても、映画には出てこない。介護は「家族が担うもの」という考えが、当時の映画には反映されている。

一九八〇年代になると、介護の映画に多様性が生まれた。一九八五年の『花いちもんめ。』には病院が登場し、そこへ老父を入院させる、という選択がなされる。この映画における病院は、介護の場として認識されている。それを息子が証言する——「病院へ入れて、かえってホッとしたよ。(中略)同じようなお年寄りがいっぱいいて、寂しくないし、完全看護で心配もいらない」。『花いちもんめ。』が公開された一九八五年には、すでに「ねたきり老人短期保護事業(ショートステイ)」(一九七八年創設)が存在していたのであるが、まだ病院のほうが介護の場として認識されていたのである。

介護の場として病院が登場することのほか、一九八〇年代の映画には、もうひとつの新しい要素が見られる。それは、男ではなく「女が認知症になる」映画が公開されはじめることである。『人間の約束』(吉田喜重監督)が一九八六年に公開され、認知症患者が女に設定された第一号映画となる。『人間の約束』が先鞭をつけた「女の認知症患者」の設定は、つぎの十年間、すなわち一九九〇年代をつうじて、主流になっていった。一九九〇年代を代表する認知症映画の『午後の遺言状』(一九九五年、新藤兼人監督)と『ユキエ』(一九九八年、松井久子監督)において、妻が認知症にかかり、夫が介護している。ただし、介護は「家族が担う」という介護映画のスタート時点から続いている考えかたは、ここでも根強く存在している。

二〇〇〇年代に入ると、現実の「介護保険法」施行に伴って介護事業が広がりを見せるため、介護映画における介護のありかたも、それまでには考えられなかった方向へ多種多様に変化していく。認知症にかかるのは、あいかわらず女であるが、デイサービス、ショートステイといったキーワードが映画に登場しはじめる。二〇〇一年の『アカシアの道』において、初めて要介護認定の申請シーンが出る。デイサービスの送迎車から老母が降りるシーンも見られ、デイサービスの施設内の様子も描かれる。同年に公開された『折り梅』にも、デイサービスの新聞記事を読んで、そこへ老母を通わせようと決心をする嫁が登場し、デイサービスでどのようなことが行われているかが描写される。このように通所サービスを利用するシーンが登場するようになるのである。しかし、根本は

「自宅で介護」することであり、その介護の担い手はやはり「家族」なのである。

二〇一〇年代になると、介護映画は新しい流れを見せるようになる。二〇一三年に公開された『ペコロスの母に会いに行く』には、初めてケアマネージャーが登場するだけでなく、老母が入居する介護施設まで登場し、その施設が映画のおもな舞台として設定される。新たな流れを介護映画にもたらした画期的な作品である。さらに、この映画では老母のためにケアマネージャーと交渉したり、介護施設を探しに奔走したりするのが、息子なのである。息子が介護の担い手になった初めての映画としても、『ペコロスの母に会いに行く』は重要である。

このように介護映画は、一九七〇年代から二〇一〇年代までの五十年のあいだに、現実の制度を反映させながら、また映画独自の要素を強調しながら、大きく変貌を遂げてきた。この介護をめぐる家族関係や介護サービスが映画のなかに反映される様相を検出して、日本映画に見る介護の変遷を明らかにすることが、本書の後半の目標である。

ドキュメンタリ（現状）とフィクション（映画）を一冊の本に

この本では、（一）現実の介護の実態と（二）映画における介護の表象を一冊のなかに共存させようとしている。ドキュメンタリとフィクションという対極の共存。そこに本書の特徴がある。介護映画の研究は、わたしがもともと専攻していた領域であったが、「映画における介護」に代わって、

「現実の介護」がわたしの最優先の仕事になったとき、わたしの映画研究は影響を受けた。映画における介護表象は、かならずしも現実の介護と完全に一致するわけではないことが、理解できた。映画は現実の介護体制を反映させている反面、映画独自の介護の流れをつくり上げている。介護の現状がわかったからこそ、映画の介護表象の独自性が見えてきたのである。

さらに、映画が主張する介護の理想像を知ることは、現実の介護のありかたをどのように修正できるかを考える契機になる。手塚治虫のフィクションである『鉄腕アトム』に見られた高層建築や高架式道路の風景が、建築家・安藤忠雄の言葉を引くまでもなく、その後の日本の建築に影響を与えたことは知られている。映画は多くの側面をもつが、こうあってほしいという夢や願望を描く一面はとくに強い。介護の映画から、これからの介護のありかたのヒントを得ることは、不可能ではなかろう。

第一部　介護の現状

死はかならずやって来る。死にゆく人の恐怖感は、計り知れないほど深い。その人を支えようとする周りの介護者たちは、すこしでも良く生きてもらえるような工夫を、いろいろと試みる。介護者は家族であったり、訪問介護のヘルパーであったり、介護施設のスタッフであったり、病院の医師・看護師であったりと、さまざまな可能性がある。

この「介護者」が「どのような形の介護」を提供できるかは、個々のケースで異なってくるし、日本における介護制度そのものがまだ開拓途中で流動的なものであってみれば、全体像を示すことはかなりむずかしいだろう。

家族が介護者としてできることは、限られている。わたしの場合、父の家へ移住し、その家で父のために食事をつくることと、いろいろな介護サービスを見つけて、父に受けてもらうよう契約を結ぶことが、精一杯だった。

契約というのは、制度としての介護サービスを受けるための契約である。高齢の親をかかえる家族にとって一番の救いとなるのは、在宅、通所を問わず、介護保険によって国が費用の大半を支払ってくれる公の介護サービスである。

介護の中心柱と呼べるのは、在宅サービスにおける「訪問介護」であろう。家族がもっていない専門的スキルを駆使して、あらゆる方面から利用者に身体ケアをほどこしてくれる。わたしの父の介護の軌跡は、介護記録（「サービス実施記録」「サービス提供記録簿」などの名称）としてわたしの手元に残されている。この確かな記録を参照しながら、その実録を本書につづりたい。一般的な解説書やウェブサイトに載っているような情報を叙述するのではなく、父の介護のために何をどのように着手して、結果として何が得られたのかを、具体的なエピソードを示しながら明らかにしたいのである。いわば介護のドキュメンタリである。

父と交流のあったケアマネージャーや介護福祉士や訪問看護師や医師やソーシャルワーカーは、数多い。父を「ロマンスグレーの上品で素敵な紳士」と呼んで、いつもニコニコと寄り添ってきたケアマネージャーがいた。「じつにりっぱな人だ」と何度も誉め言葉をくれた介護施設社長がいた。「大正生まれの人に会えるなんて嬉しい」といった看護婦がいた。「九十五歳でごりっぱです」といった医師がいた。父に「お幸せに」と言われ、感激して目を潤ませたヘルパーがいた。「無言で必死に生きている」と痛々しさに目を伏せるケアマネージャーがいた。これらの人々の言動が、本書につづられる。

第一章　スタートは要介護認定申請

「自宅に住み続ける」という選択をした場合、利用者が介護サービスを受けるために、最初にやることは要介護認定申請である。これがスタート地点で、ここからすべてがはじまる。この申請は、介護保険制度を利用するために必須。利用できる内容や支払う費用は、要介護度で決まるからである。

要介護認定の申請を行う人は、もしケアマネージャーがすでについているなら、そのケアマネージャーである。父にはケアマネージャーがいたため、その人に「介護保険の被保険者証」と「健康保険の保険証」を預けて、申請をやってもらった。ケアマネージャーが決まっていない場合は、市役所（区役所、町村役場）の申請窓口へ家族が行くことになる。

申請を終えると、市区町村から委託された調査員がやって来て、簡単な調査が行われる。利用者本人が答えるものとして、「生年月日は？」「今の季節は春夏秋冬のどれですか？」「さっき見せた

調査員（左）の質問に答える娘（右）

三つのモノは、鉛筆と腕時計とあと一つはなんでしたか？」といった内容のものが三つか四つ、出される。「一〇〇から七を引くと、いくつになりますか？　さらに七を引くと、いくつ？　またさらに七を引くと？」という長谷川式認知症スケールの引き算は、病院で用いられることはあっても、要介護認定調査では用いられないそうである。身体機能のチェックとして、歩き方や座り方や話し方などが観察される。

この調査員の報告のほか、かかりつけ医が既往歴や現在の症状などを記入する簡単な意見書がある。こうした訪問調査の結果とかかりつけ医の意見書に基づいて審査が行われ、最終的に一カ月ほどで要介護認定の通知が届く。

ケアマネージャーに申請してもらったり、市区町村の窓口で家族が申請したりするかわりに、地域包括支援センターに依頼して、代行してもらうこともできる。地域包括支援センターとは二〇〇六年の介護保険法改正によって創設された施設で、その地域の住民の健康保持と生活安定のために援助を行うことが目的である。

要介護認定申請は一度きりで終わるのではなく、本人の状態が変化するたびに申請をすることになる。つまり、本人の状態にしたがって要介護度が変わるのである。

要介護認定の結果が、「要介護」ではなく「要支援」なら、喜ばしいことである。まだ介護が必要な状態に至っていないと認定されたわけであり、元気さの証明であるから。支援は「要支援一」と「要支援二」の二段階がある。もちろん、要支援であっても介護保険制度のサービスを利用することはできる。「要介護」は「一」から「五」までの五ランクに分類されていて、「要介護五」が最大ランクである。

要介護の「一〜五」の数字は、必要となるであろう「介護」の度合いであって、医学的な疾病の重篤度を示すものではない。わたしの父は「要介護二」の期間が数年続いたが、ステージ四の肺がん(転移した骨がんもあった)が露見したとき、「要介護三」に上昇しただけだった。「要介護五」までは、まだほど遠い。それにもかかわらず、三カ月後には亡くなってしまったのだ。

要介護度の結果が出たら、どのような介護サービスを受けたいかを決めることになる。在宅で介護をしている場合(ホームに入居しない場合)、受けられるサービスには三種類がある。それらは「訪問介護」、「デイサービス」、「ショートステイ」。まず「訪問介護」があるが、これは自宅にヘルパーがやって来て、掃除、洗濯、料理、入浴、見守りなど、いろいろな仕事をこなしてくれる大変便利なサービスである。つぎに「デイサービス」があり、これは元気なうちに受けるべきサービスである。送迎車に乗って、施設へ移動し、そこでほかの利用者との交流や運動などをやるため、病気が重くなった場合や寝たきりになった場合には、残念だが受けられない。最後に「ショートステイ」があって、施設に短期間(三十日以内)宿泊して、食事、排泄、服薬、就寝などの支援が受けられる。これも元気なときに受けるサービスであり、瀕死の状態になってからでは遅すぎる。

これら三種類のサービスのうち、「要介護二」の認定が出た父のために手配したのは、「訪問介護」だった。そのサービスを提供する事業所は、大小さまざまなものが山ほどあったが、すぐ来てくれる所を探しだすなど、いろいろな相談に乗ってくれたのはケアマネージャーだった。在宅で介護をやるにはケアマネージャーが必要で、かならず一人、ピタッとはりついてくる。

第二章　ケアマネージャーを見つける

ケアマネージャーは二〇〇〇年の介護保険法の施行と同時に創設された職種である。「介護支援サービス」という名の「相談」を行う専門職。「相談」という仕事に対して報酬を与えることは、公的な制度のなかでは介護保険制度が初めて実行したそうである。

父の場合、ケアマネージャーは「要支援一」のときからの付き合いで、すでに決まっていた。決まっていない場合は、「居宅介護支援事業所（ケアマネ事業所）」という小冊子があるので、そのなかから選ぶことになる。小冊子は市・区役所や地域包括支援センターなど公の場所に置いてある。正しく言えば、ケアマネージャーという人を選ぶのではなく、事業所という機関を選ぶことになる。自宅に近い事業所がよいし、スタッフが多数登録されている事業所がよいし、受診したことがある病院と連携している事業所がよい。選んだ事業所に連絡すれば、そこから一人が派遣されてくる。そして利用者の心身の状態を聞かれることから、付き合いがはじまる。

ケアマネージャーとして、さまざまな人が存在する。相性が悪い人もいるだろう。そういうときは遠慮せず、事業所に連絡してほかの人を派遣し直してもらうことがよい。ケアマネージャーとは長い付き合いになるからである。「遠慮しないで、ほかの人を」という助言は、公のケアマネージャーに関するパンフレットにも記載されている。事業所そのものを、別の事業所に変えることも、問題ない。介護という重大な場において、後悔しないためにも、遠慮は厳禁である。

ケアマネージャーといっしょに利用者(あるいは家族)が決めていく内容は、「訪問介護」のヘルパーにどんな仕事をしてもらうか、週何回くらい家へ来てもらうか、などである。そうした相談をするために、ケアマネージャーとの会合は月一回ほど必要になってくる。さらに、新しいサービスを開始するときは、利用者(あるいは家族)とケアマネージャーのほかに、サービスを提供する事業所から責任者(サービス提供責任者=サ責)がやって来て、「サービス担当者会議」と呼ばれるものを開く。

ケアマネージャー（左）と利用者家族（右）

訪問介護のサービス内容には、「生活援助」と「身体介護」がある。「生活援助」に関しては、従業時間は(一)二〇分以上四十五分未満、(二)四十五分以上七〇分未満のうち、適切なほうを選ぶことになる。援助の内容は日常生活の家事全般であり、具体的には掃除、洗濯、買い物、食器洗い、食事の準備など。父は「要介護一」という認定区分だったとき、「お試し」の感覚で掃除と洗濯をやってもらったことがあった。

「身体介護」の場合、時間は(一)二〇分未満、(二)二〇分以上三〇分未満、(三)三〇分以上一時間未満、(四)一時間以上一時間半未満があり、最高は三時間半以上四時間未満となっている。仕事の内容は、身体に触れるものであり、着替え、歯磨き、食事、排泄、入浴、歩行などの介助が挙げられる。「生活」と「身体」を組み合わせることも、可能である。

サービス担当者会議に参加する父

ケアマネージャーは月ごとのケアプランを作成するという役割を担う。ケアプランは具体的には「居宅サービス計画書(1)」「居宅サービス計画書(2)」「週間サービス計画書」からなる。これらは前月に作成するものであり、当月が終了したら「実績」という名称の文書が作成され、どういうサービスをいつ、何分受けたかが詳細に記述される。それを利用者がチェックし、押印する。

一見、無機質に思える文書の束であるが、「居宅サービス計画書(1)」の「利用者及び家族の生活に対する意向」という欄には、その都度の利用者と家族の肉声がケアマネージャーによって書き留められている。父の死の数カ月前から直前までの声が、そこから聞こえる。わたしのことを気遣っていた父の心が映し出されていて、今読み返すと涙が止まらなくなる。死ぬ三カ月前の父の言葉は、つぎのように記されている。

「これは今までとは違う痛みです」

「ヨーコちゃんは退官して、これから自分の時間を楽しむはずだったのに、巻き込んでしまって申し訳ない」

「お母さんとヨーコちゃんといっしょにこの家で暮らしていきたい」

それに対して、家族としてのわたしの言葉も記されている。じっさいのわたしの口調とは少し違うが、このようにケアマネージャーは聞き取ったのである。

「足の痛みに加え、褥瘡が発生し、食事量が減ってきて心配です。これからは父が食べられそうな料理を勉強します」

「食事量が減ってきており、日赤病院から食事の指導も受けました」

第三章　元気なときにデイサービスへ通う

ケアマネージャーが提案したプランとして、デイサービスへ行くという「通所」サービスがあった。「要支援一」のとき、元気な父に提案されたプランである。週一回（利用者によっては週五回も！）、決められた曜日に施設から大きな送迎車が自宅へ父を迎えにやってくる。この通所サービスの初日に、わたしは父に付き添って見学させてもらった。コロナ禍の数カ月前のことで、見学はどのデイサービス施設でも可能であった。

父が通った施設は、狭いスペースを効率よく使っていたし、スタッフはみな優れていた。利用者に目配りをし、気遣いが行き届いていた。そこには数種類の運動用マシンが置かれていて、利用者が自分の好きなマシンを使って、腕の筋力を鍛えたり、脚を曲げたり、股を広げたり、自転車のペダル漕ぎをしたり、マッサージをしたり……と、体を動かすさまざまなリハビリ運動が実践できるようになっていた。

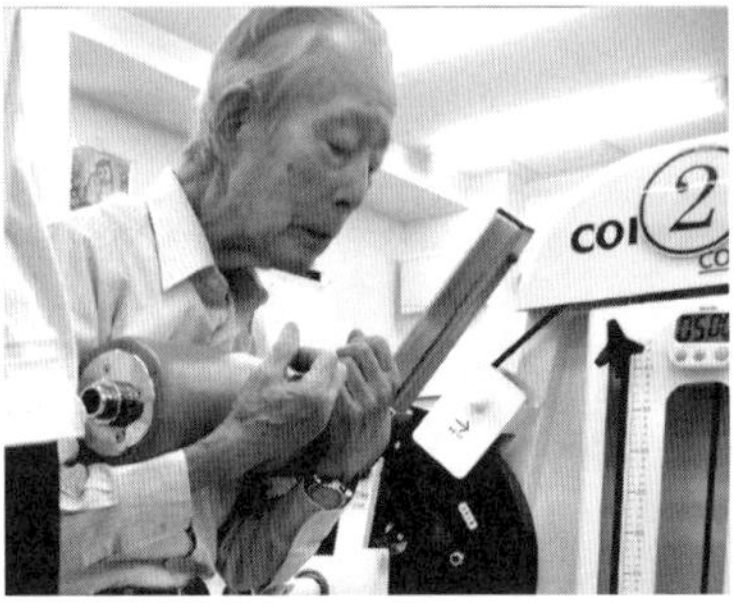

胸筋を鍛える

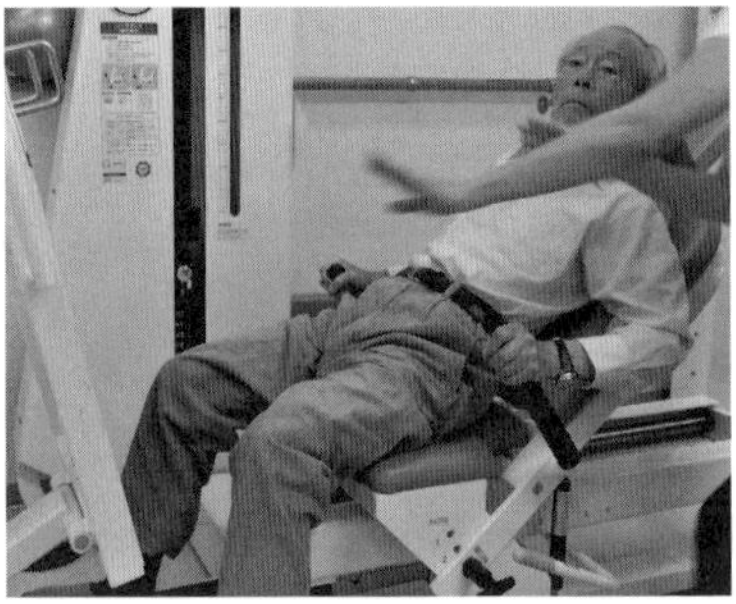
マシンの指導を受ける父

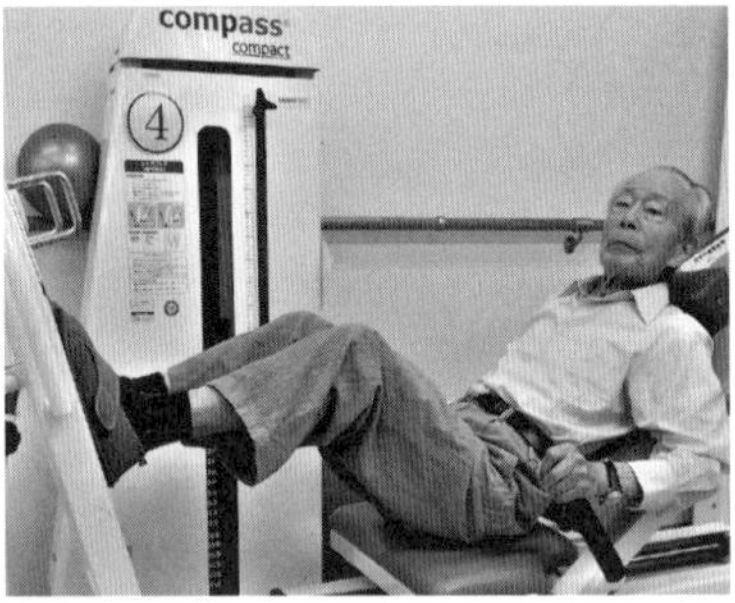

腹筋を鍛える

運動のほかに、みんなでいっしょに発声したり、ラジオ体操をしたりする時間も設けてあったし、マッサージ師による体の揉みほぐしも、プログラムのなかに入っていた。

利用者たちが楽しみにしていたのは、飲み物メニューからひとつ選んで、休憩中にドリンクを飲むことだった。わたしは父の付き添いに過ぎなかったが、ドリンクを提供してもらった。ココアを選び、本格的な風味を楽しんだ。父はコーヒーをもらい、それが気に入ったため、その後も毎回、コーヒーを飲んでいた。「出してもらうコーヒーがおいしい」、と父は嬉しそうに話していた。

施設内ではときどきおしゃべりに花咲いたそうである。「隣の男の人が話しかけてきたよ」と父は言い、「何歳かね」と尋ねられたから返答すると、「ほぉ、元気だねぇ」と感心してくれたとのことだった。「ゲームでこんなものが当たったよ」とオレンジ色のキーホルダーをわたしにくれたりもした。楽しいサークルといった様子で、介護の匂いは感じられなかった。施設で三時間ほど過ごしたあと、利用者たちは送迎車で家まで送ってもらっていた。

デイサービスには、いろいろなプログラムがある。体を動かすリハビリがあったり、趣味を活かして作業するものがあったり、認知症予防に力を入れているものがあったり、組み合わせもいろいろである。半日コースと一日コースがあり、一日コースでは昼食やおやつが出る。入浴があるケースもある。父は半日コースを選んだので、昼食や入浴は経験しなかった。

父はデイサービスへ通っていたのであるが、似たようなものにデイケアがある。こちらは疾患を

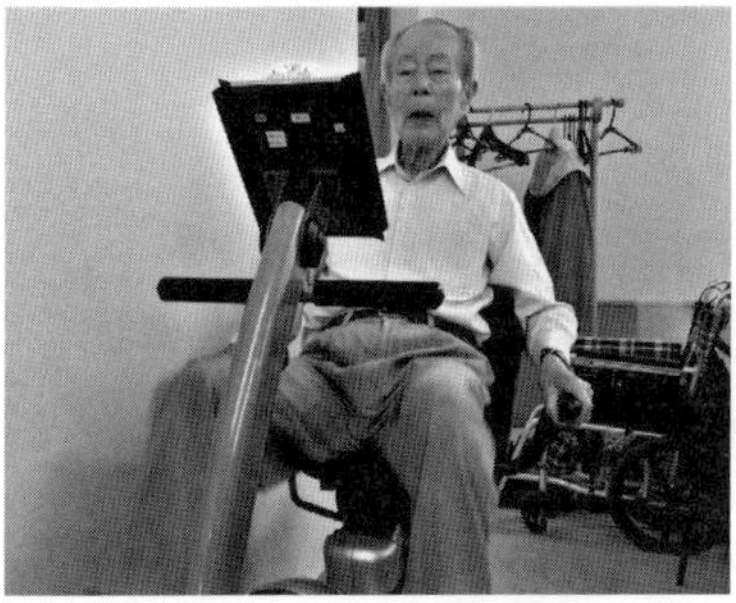

エアロバイクでペダル漕ぎ

背筋を鍛える

好きなドリンクを飲む父

もった人や後遺症のある人が、日常生活へ戻るためのリハビリ訓練を受ける通所サービスであり、医師が常駐し、医師の診察を受けられ、健康管理をしてもらえる。ただし、リハビリが完了した時点で、デイケアをやめなければならない。デイサービスのほうは利用者がやめたいと思うまで、ずっと続けることができる。

デイサービスの歴史は一九七九年にまでさかのぼる。その年に「在宅福祉三本柱」の一本とみなされるこの重要な事業が開始された。ほかの二本は、一九六三年に法制化されたホームヘルプ（家庭奉仕員派遣）と一九七八年に開始されたショートステイ。かなり古くから存在するデイサービスであるのに、日本映画では二〇〇〇年代になるまで、デイサービスという言葉すら登場しなかった。二〇〇〇年以前の日本映画では、介護施設はデイサービスであろうと、ショートステイであろうと、入居施設であろうと、言及されることはまったくなかった。介護施設の役割を果たすものは、病院だった。病院へ入院させるということは、家族の介護負担をなくして、患者の面倒を見てもらうということだった。二〇〇〇年代になって、やっと映画にデイサービスが登場したのであるが、寺の境内というユニークな場所で利用者たちが集まって、お絵描きを学んだり、自分の経験を語り合ったりといった風変わりな内容が描き出された。さらに、送迎車は出てきても施設内の描写はほんの一瞬といった映画もあった。デイサービスの実態は、まだ映画に反映されていなかったのである。言い換えれば、介護はまだ「自宅」が主たる実施場所であった。

介護をめぐる現状と映画のこの乖離は、二〇一〇年代になると急速に修正され、介護映画は大きく変化して介護の理想像を提示するまでに成長するのである。そうした映画におけるデイサービスの考察は、本書の後半で行いたい。

第四章　ショートステイの体験と老人ホームへの入居

元気だった父は、ショートステイも経験した。食事を提供してくれるホテルに泊まった感覚だったらしく、たいへん満足していた。家族であるわたしも初日だけ同行を許されて、じっさいに夕食時に食堂を見学したが、ジュースにはじまり、前菜やメインディッシュやサイドディッシュなど、豪華というほか言葉が見つからなかった。それもそのはず、この日の夕食は月一度の特別メニューの日で、シェフが登場しテーブルのあいだを闊歩していたのだった。介護施設に特有な誤嚥を防ぐ口腔体操「ぱたから体操」は、この施設ではやっていなかった。

滞在の二泊三日は、ちょうど父の誕生日をふくんでいたため、施設のスタッフがお祝いしてくれたという。花束をもらい、誕生日の写真を撮影してもらったといって、わたしに写真を見せてくれた。じつに嬉しそうに笑顔で穏やかな父が写っていた。

この施設はショートステイを実施していたが、じつは入居を主な業務としていた。父も母もこの

スタッフに写真を撮ってもらった

ショートステイの食事風景

誕生日祝いの花束をもらい嬉しそうな父

施設をたいそう気に入り、スタッフのことが大好きになったため、入居を真剣に考えはじめた。自宅での生活はとくに不都合はなかったが、この施設での生活のほうがずっと快適だと判断したためであった。しかし、この施設は思っていた以上に自宅から離れていたため、自宅へ一時帰宅することが容易にはできないと、母が尻込みした。母の気持ちを知った父は、この施設のことを二度と口に出さなかった。もし父が少しでも自分の意見を主張して、この施設に入居していたら、父の人生の最晩年期はどのような形になっていたであろうか。

父が体験したショートステイは、この施設一件だけだったが、すぐ利用できるショートステイの施設はじつに多く存在していた。それだけ利用者のニーズが高まっていることの証拠であろう。入浴に「機械浴」を取り入れている施設が数件見つかったし、ショートステイではあまり実施しないというリハビリをサービスの主眼としている施設も見つかった。

リハビリは「ショートステイではあまり実施しない」という言いかたは語弊を招く。じつはショートステイの施設には二種類あり、父が体験したような「日常生活上の支援」をしてくれるものと、「医療サービス」が受けられるものがある。一般的にショートステイといえば前者を指すことが多いため、リハビリは実施しないケースがほとんどである。「リハビリをやりたいならデイサービスへ行ってください。うちのようなショートステイの施設ではやりません」というスタッフの言葉は、そのとおりだろう。

ショートステイのもう一つの種類は、医師や看護師が在籍し、医療ケアやリハビリを実施するもの。リハビリを主にするため、普通のショートステイとは逆である。医療ケアのショートステイは介護老人保健施設(老健)が実施しているので、利用にあたって医師の診断書を提出する必要がある。

父がショートステイの体験から得たものは、施設で暮らすことを好ましいと思う感性だったろう。半年後、自宅の至近距離にある有料老人ホームへ入居することにを、事前にそのホームを見学することもなく、すんなりと受け入れたのは、そうした体験があったからこそだ。

あとで知ったのであるが、老人ホームへの入居を考えるべきときは、自宅でどうしても生活できなくなったときだそうである。施設で働く介護のプロたちは、そう言っている。父の場合は、違った。入居を決めたとき、自宅での生活は滞りなくできていた。さらなる快適な生活を求めて、元気なときに有料老人ホームへの入居を選んだのであった。

その入居は、終の棲家をめぐる逡巡と決断をへて、父母が望んだことだった。「自宅か、施設か」という大きな二項対立は、どちらかを容易に選び取ることができるほど、生やさしいものではない。その証拠に、一大決心したはずの老人ホームへの入居は、たいへん快適なホームであったにもかかわらず、やがて揺らぎはじめた。父は入居したホームが好きだったが、母が揺らいだのである。父はホームの有能な社長との散歩を楽しみ、食事をおいしくいただき、体を洗ってくれる入浴介助のヘルパーたちに感謝し、すべての人に「ありがとうございます」と会釈しながら、穏やかに暮らしていた。「終の棲家」がここでもいい、と述べていた。何度も念を押して聞いたが、「ここで死ぬことになってもいい」、という意見は一貫していた。その楽園を退居することになったのは、父が「何でもお母さんの言うとおりにしたい」と、決意していたことによる。母は自宅を恋しがり、退居する方向へ気持ちが傾いていったのだから。

入居した有料老人ホームでは、二〇〇六年の介護保険法改正で創設された「小規模多機能型居宅介護」(小多機)という新しい介護サービスが提供されていた。介護保険制度の「要介護認定」で定められた「介護度」の区分におうじた「区分支給限度基準額」(すなわち利用限度額)のほぼ全額を毎月使って、三つの機能(多機能)を合わせたサービスを提供してもらう。「基準額」のほぼ全額を使うといっても、国が大部分を負担してくれるため(父の場合は本人三割負担のため、国は七割を支払ってくれた)、利用者がじっさいに支出するのは、それほど多額ではなかった。三つの機能とは、ホームヘルプ(訪問)、デイサービス(通所)、ショートステイ(宿泊)であった。これら三つのサ

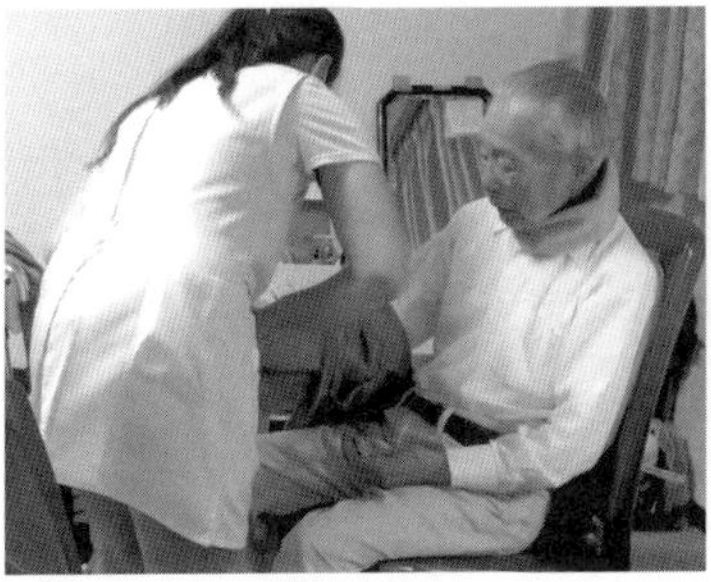

職員（左）に解熱の処理をしてもらう父

入居日に父を見守る娘（右）

ービスを受けられる利用者の数は、二十九名と比較的小人数であったし、その枠のうち十一名分は併設された有料老人ホームの居住者たちが占めていたため、老人ホーム居住者以外の小規模多機能型居宅介護の利用者の数は、二十名に満たなかった。

父が入居した老人ホームの部屋は、専有面積五十五平方メートルと贅沢な広さであったし、バルコニーの五平方メートルまで付いていた。角部屋で眺望もすばらしかった。入居日にはスタッフたちが部屋のレイアウトをするためにぞくぞくとやって来て、快適な環境をつくってくれた。父はかなり動き回ったため、疲労した様子だった。案の定、その夜、熱が出た。ホームの職員がさっそくバイタルチェックをして、解熱の処置をしてくれた。

ホームで父はよく洗濯物を干していた。小規模多機能型居宅介護の職員が「サービス実施記録」に残した証言がある——「『午前中に洗濯物を干したら、雨が降ってきて、しまい込んだら晴れてきた』と笑顔で教えてくださいました」。

自宅でのときと同じく、父は母と仲良く生活していた。それも証言がある。

「奥様と仲良くお話されていました」

「ノブコ様が具合いが悪く、横になられていました。キヨミ様はベッドの横に寄り添い、心配されていました」

「昨夜、ノブコさんの発作がおき、ずっと看病していらっしゃったようで、すごく眠いとおっしゃっていました」

「昼食後はお一人で居室へ戻られましたが、また引き返してみえ、ノブコ様をお迎えに来てくださいました」

「本日もご本人のペースで奥様とゆっくりした時間を過ごしていただきました」

「穏やかに奥様と二人、過ごされていました」

「いつも後ろからノブコさんを見守っていらっしゃって、奥様想いだなあと思いました」


父が「奥様想い」なのは、老人ホームに入る何十年も前からだった。父は自分の体よりも、母の体をつねに心配していた。「きょうは体調が悪い」と父が言うときは、自分の体のことではなく、母の心房細動が起こったときだった。老人ホームから退居したあとも、体が不自由な母が病院へ行くときに、歩行器でよたよた歩く彼女を介護タクシーまで誘導するのは、いつも父だった。介護タクシーのドライバーは介護福祉士の資格をもっていて、母を移動介助するつもりでいたのだが、父の働きぶりの前ではやることがなくなって、ただ佇むだけだった。そのとき父は、足の激痛（肺の末期がんが転移した骨がんに起因）に苦しんではいても、外観はいたって元気であった。

　タクシーに乗り込むときだけではなく、父はいつも母を見守っていた。起きているときは、母の横から、あるいは後ろから、母の動きを見守っていた。寝るときは、母をベッドに上がらせ布団を掛けてやっていた。

　母のことをいつも心配し、母には自分のことを心配させまいとして、父が口癖のようにつぶやく言葉があった。「わしのことは心配せんでもいい、わしのことは」。死ぬ三カ月前にも父はその言葉をつぶやいたあと、こう付け加えた――「何にも心配することはない」。

父が歩行器の母を介護タクシーへ誘導

母を見守りながら歩く父

楽しい食事どき、笑顔になる父

入居した老人ホームでの生活は、父には満足だった。朝、昼、夕の食事は、すべて完食であった。毎食を楽しみにしていたようで、食事どきに父は笑顔になっていた。

父はじつは散歩が大好きだったことは、このホームの職員の「サービス実施記録」によって知った。むかしから一人で散歩に出かけることはあったが、体を動かさなくてはならないという義務感でやっていたのだと思っていた。そうではなかったことが、多くの職員たちの言葉から伝わってきた。雨の日には外へ出られなかったため、たいそう残念がった父は、ホームのロビーを歩き回っていたほどだったという。


「朝の散歩の用意を万全にしていらっしゃいました」

「積極的に散歩にて歩いていらっしゃいました」

「本日、お天気が良かったですが、お散歩はお休みの日でしたので、残念がっていました」

「本日も元気に散歩されておりました」

「雨天が続いて散歩に行けないことが、残念なご様子です」

「朝食後、散歩に出かけられ、笑顔を見ることができました」

「本日、お散歩がお休みだとお伝えすると、『そうですねぇ』と残念そうにしてみえました」

「朝食後、社長と公園まで散歩をされました。十五〜二〇分程度、時間をかけてお戻りになりました」

ホームの職員と散歩するときも

昼下がり、散歩へ出発

散歩のあとの水分補給

いつものルートで散歩

雨の日は散歩がわりにホームのロビーを歩いた

曲がり角をしっかりマークする父

「今日は朝食後に近所の公園まで散歩に出かけました。道中、体調などお話しながら、マイペースで歩いていただきました」

「本日は朝散歩に行きました。キヨミさんからよく職員に話しかけてくれました」

「声かけするとお話してくださいました。朝食後は社長と散歩に行かれてました」

「朝、散歩に行かれて、笑顔で戻ってこられていました」

「きょうも朝、散歩に出ました。『外と内の温度が違うね』とおっしゃってました」


そういえば、ホームで父が散歩に出たがっていて、母を誘っていたことを思い出した。二人はこんな会話をしていた。

父　お母さん、路面を歩こう
母　何を？
父　路面を歩こうって！
母　うん、歩いといで
父　母ちゃんもいっしょだ

もうひとつ、ホームの職員たちが特記していたことがある。父が無類の風呂好きだということである。このことも、わたしは知らなかった。入浴に関する証言は、じつに多くの職員たちから寄せられた。


「今日は入浴の日でした。朝からとても楽しみにされていました。湯舟にゆっくりつかっていただきました」

「本日、ご入浴をしていただきました。『自分では足元が洗えないので、洗っていただいて嬉しいです』と言ってくださいました」

「本日、入浴していただきました。洗髪中には『上手ですね。気持ちがいいです』と言ってくださいました」

「今日は入浴日でした。背中以外は御自身でしっかりと洗って、さっぱりとされたご様子でした」

「本日、入浴の日でした。いい湯でした、と何度もおっしゃってくださり、喜んでいらっしゃいました」

「本日、入浴していただきました。シャツのボタンが取れかかっていたので、入浴中に付けておくと『すごいね、あっという間に付いた』と喜んでおられました」

「本日は入浴の日でした。湯舟につかっていただき、『とても気持ちよく、さっぱりしました』とおっしゃってくださいました」

ラジオ体操を欠かさなかった父

ホームで腹筋体操をする父

ホームでも新聞を購読していた父

「本日入浴していただきました。『足のカサカサが良くなりましたね』と声をかけると、『はい、おかげさまで……』とおっしゃっていました」

「本日入浴していただきました。ご自分で全身を洗ってくださいました」

ホームを「終の棲家」と定めていた父であったが、自宅へ一時帰宅できることを嬉しそうに話していたそうである。

「きょう、ご自宅に帰られる、とお風呂のさい、お話をしてくださいました。ご自宅にはお庭があり、以前は庭仕事をされていた、とおっしゃっていました」

「お昼にご自宅に帰られると、嬉しそうにお話をしてくださいました」

やはり父の心のなかにも、終の棲家をめぐって「自宅か施設か」という葛藤は、ずっとあったのかもしれない。

父は無口で慎み深い人だった。自分の体調がひどく悪いのに、「ひょっとしたら、がんではないか？」とわたしに尋ねることさえしなかった。そんな父が、施設の職員や利用者仲間と会話をはずませていたことが、わたしには驚きだった。職員たちは、証言する。

「朝食時、職員と世間話をし、ご自分のペースで過ごしておりました」

「少し雑談もさせていただきましたが、笑顔をたくさん見せていただきました」

「デイルームでは同テーブルの利用者様と話をしたりして、ご自分のペースで一日過ごしておられました」

父はラジオ体操を好んでやっていた。施設の居室で父と母がそろって体操している光景を、何度も目にした。ラジオ体操だけでなく、父は健康のための体操を自発的にやっていた。ホームの寝室に設けられた大きな木製の枠につかまって、腹筋体操を毎日行っていたのである。

新聞を読むことも、父はホームで毎日実践していた。読書ができることは、元気なしるしだったことを、あとでつくづく感じた。

第五章　訪問介護を担うヘルパー

有料老人ホームを退居したあと、自宅での介護が本格的に再開された。在宅サービスの「訪問介護」を手配してくれるよう、ケアマネージャーに依頼した。訪問介護を担うのは、「ホームヘルパー」と呼ばれる訪問介護員(単に「ヘルパー」とも呼ぶ)。この「ホームヘルパー」は、いわゆる和製英語である。英語では home care worker（ホームケアワーカー）といい、略してＨＣＷと記す。アメリカ映画のなかでは、ケアギバー（caregiver）とかケアテイカー（caretaker）と呼ばれることが多い。二〇一四年公開の『アリスのままで』(*Still Alice*)というアメリカ映画のなかで、認知症を患った主人公アリスのために訪問介護に訪れる人が、まさにこのヘルパーであり、アリスの娘がこう尋ねている――「母さんのケアテイカーはどこにいるの?」(Where is your caretaker?)。この映画のなかで、ヘルパーは利用者に休みの許可をもらっている。代理のヘルパーが派遣されることはない。アリスはこう答える。「エレナは休み。娘さんが病気でお医者さんに。」日本のヘルパーには、このような自由は許されていない。休む場合は、事業所から代理のヘルパーが利用者の元へ派遣される。
ヘルパーと呼ばれる訪問介護員のなかには、国家資格を持っている人もいる。有資格者は「介護福祉士」という肩書きがつく。厳密にいえば、ヘルパーと介護福祉士は異なる。ヘルパーは厚生労働省が定めた事業所で研修を受けることが主要な条件であるが、介護福祉士になるには「介護福祉士国家試験」に合格しなければならないのである。試験を受けるには受験資格を満たさなくてはならず、どうしても時間がかかる。二〇二一年六月末時点で登録されている介護福祉士は一八一万一、九八五人とのこと。[1] ちなみに一九八八年の登録者数はゼロ。介護福祉士が制度化され、「社会福祉士及び介護福祉士法」が公布されたのは、一九八七年の第百八回通常国会(第三次中曽根内閣)のときだったため、その直後にゼロであるのは当然のこと。その後、介護福祉士の数はぐんぐん増えて、一九八九年には二、六三一人、一九九〇年には七、三三三人、二〇一二年には百万人を突破して一〇八万五、九九四人となった。それから一年ごとに約八万人ずつ増えてきたのである。[2]
介護福祉士は介護におけるゆいいつの国家資格だけあって、重い職責を期待されている。三つの職務として挙げられるのは、(一)身体介護、(二)生活援助のほかに、(三)相談・指導であるという。[3] 三つ目の「相談・指導」は、利用者や家族からの相談に乗って、介護方法や心身状態や生活環境について指導や助言を行うことだそうであるが、訪問する時間が限られているなかで、いったいどれだけの相談時間が確保できるだろう。たいていは掃除、洗濯、食器洗いといった生活援助だけで、制限時間いっぱいになってしまう。身体介護があらかじめ計画されている場合は、起床や着替えや排泄や移動などを介助するだけで、やはり持ち時間がなくなってしまう。「相談・指導」のための時間は、どこにもない。ひょっとしたら、二つの行為を同時にやる能力が必要とされるのかもしれない。たとえば、着替えとか排泄とかを手伝っている最中に、相手(あるいは家族)に話しかけて問題点を聞き出し、解決策を答えてやるといった能力が。

わたしがもっとも驚いたのは、介護福祉士の職務としてターミナル・ケアが記されていることだった。「利用者の容態や体調が急変した際の緊急時対応、終末期ケア(ターミナル期ケア)、死の看取りなどの業務も職務範囲に入っています。[4]」緊急対応や看取りが介護福祉士の職務であるなら、利用者家族の視点から切に願いたいことがある。利用者の体調が変化し、その場で何らかの対処が望まれるようになったとき、介護福祉士が最小限の医療行為を行えるよう、禁止の縛りを緩めてほしい、ということだ。わたしが念頭に置いているのは、「喀痰吸引」である。父は何度も痰がつまって苦しそうにゼイゼイいっていたが、週に二度しか訪問しない訪問看護師では、処置が間に合わない。緊急連絡しても、到着するまでに三〇分から一時間かかる。それに対して、訪問の頻度が高く、その場に居合わせる確率が高い介護福祉士が、正々堂々と喀痰吸引を実施できれば、どれほど父のために良い結果が生まれたことか。

じつは、介護福祉士が喀痰吸引をやる方法が、ないわけではない。しかしその手続きは、たいへん煩雑なので、じっさいに活用することは絶望的である。その方法では、介護福祉士が研修を修了して喀痰吸引の認定を受けていることが必須である。そして、その介護福祉士の所属事業所が「登録特定行為事業者」としての登録を行って、「社会福祉士及び介護福祉士法」第四十八条の三に規定された「登録喀痰吸引等事業者」として認められれば、やっと利用者へ喀痰吸引のサービスを提供できるようになるのである。(5)登録手続きは、事業所の所在地を管轄する都道府県知事の登録を受けなければならず、「氏名(代表者の氏名)及び住所」「事業所の名称及び所在地」「喀痰吸引等業務開始の予定年月日」を届け出る必要がある。「登録を受けないで、喀痰吸引等業務を行った者」は、たとえ研修を修了していても、「一年以下の懲役又は三十万円以下の罰金」(6)に処せられてしまう。

今ここに、わたしといっしょに介護福祉士がいて、喀痰吸引の研修を修了したので、痰で苦しんでいる父のためにやってあげることはできるが、違法になると言ったら、わたしはどう答えるだろうか。「違法なら、やらないでください」とは、けっして言わないだろう。

もっとも、「医療介護福祉士」といって日本慢性期医療協会が二〇一〇年に認定を始めた民間資格があるという。ただ、喀痰吸引をやるだけなら、わざわざその資格を取得するために貴重な時間が費やされなくても、禁止をゆるめれば済むことである。かつては医療行為とみなされて、介護福祉士が行うことを禁止されていたけれど、今では許されているものとして浣腸がある。浣腸のように、喀痰吸引なども禁止枠からはずすことは、できないだろうか。

肺がん末期の父は、痰がつまって呼吸が苦しくなることが多かった。驚くことに、介護福祉士に禁止されている喀痰吸引が、家族には許されている。しかし研修を受けたこともない家族が、いきなり吸引しろと言われても、できるものではない。わたしは心を鬼にして、苦しむ父の喉へ何度も吸引のためのカテーテルを挿入したが、かえって父を苦しめて、血の筋をいくつも残してしまったかもしれない。

家族に許された医療行為が、たくさんあることに驚く。喀痰吸引もそのひとつであるが、ほかに点滴の管理も摘便も家族には許可されているのだ。わたしは何度か点滴の袋を交換し、液体の落下スピードの調整をした。介護福祉士に最小の医療行為——家族に許されているレベルの喀痰吸引とか点滴管理とか摘便といった行為——が許可されれば、家族はどれほど救われるであろう。

「介護福祉士」というステータスは、それよりも上位のものが存在せず、ひとつだけで完結した社会的地位である。介護福祉士が「介護支援専門員実務研修受講試験」に合格し、「介護支援専門員実務研修」を修了した場合、「ケアマネージャー」の資格を得るが、それは介護福祉士の上位資格とはいえず、任意の選択肢のひとつに過ぎない。介護福祉士のつぎのステップとなるべき上位資格は、制度上、存在していない。これは不思議なことのように思える。介護福祉士はどこまで行っても介護福祉士である。役職がついて課長などの管理職になったり、施設長になったりすると、現場から遠のいてしまう。介護道を極めると、別人(介護をしない人)になるのだ。ふつうは道を極めるごとに、ステータスが上がっていく。たとえば大学の教育研究職の場合、助教にはじまり、講師、准教授、教授、名誉教授という一連の明確なステップアップの流れがある。ケアを行う介護福祉士としての道を極めた人が、教育研究職の「教授」や「名誉教授」に相当するようなステータス(たとえば上級介護福祉士といったような)を得られれば、標準的な介護福祉士よりも一段上位の資質を有していることの保証となり、ステップアップの流れが明確に見えてこよう。

　利用者はいつも接する介護福祉士に、優秀な人材を求めたいのである。介護福祉士のなかに「サービス提供責任者」という人がいることはたしかである。しかし、その人とて管理職手当がつく程度で、大きな差異化がなされているわけではない。「認定介護福祉士」という資格があるというが、浸透しているようには思えないし、その実態も不明瞭な部分が多い。

　さらに介護職に関して、見直さなければならない喫緊の課題がある。給与である。二〇二一年十一月に介護職の給与のわずかな賃上げが政府により発表されたが、もっと抜本的な見直しが必要なのではないだろうか。現行の制度では、介護福祉士やヘルパーには年末・年始の手当が出ない。盆の手当も、土・日の手当もなし。休日勤務の手当は、介護保険では想定されていないため、雇い主である事業所が出すか、サービスを休止するしかない。残業手当も介護保険には想定されていないため、仕事をいそいそと終えざるをえないという。なぜなら勤務時間を過ぎた分は過重労働の賃金が「チャリンと発生してしまう」そうであり、その金銭的負担は事業所にかかるからだという。介護保険の給与設定を見直し、土日、年末年始、盆、残業については正々堂々と手当を支払うように修正すべきであろう。

　そして重要なことは、ベースとなる給与の数字をもっと高く設定すべきことである。介護という大切な労働をする介護福祉士やヘルパーの給与は、低い。現在、正社員(フルタイム)の介護福祉士の年収は平均四〇〇万円前後という。人の命を預かる重大な仕事に四〇〇万円というのは、満足できる金額なのだろうか。ケアマネージャーの平均給与は、介護福祉士より月約四万円高いそうであるが、ケアマネージャーとてけっして恵まれた給与とはいえない(7)。役職がつけば給与は上昇し、管理職で五四四万円(勤続一五年)、施設長で七七二万円(勤続二〇年)というが(8)、これらは現場でケアをする人の給与ではない。ケアをする人は、四〇〇万円か五〇〇万円の薄給に甘んじているのが現状だ。国家公務員・一般職の年収は平均六〇〇万円である(9)。わたしの場合は国家公務員・研究職であったため、四十歳代で八〇〇万円、五十歳代で一千万円だった。そうした水準に慣れていたため、介護職の年収を聞いたとき、唖然としたのである。安い給与で、仕事量がたいへん多い介護職。しかも、日本の高齢社会にとって有益な仕事内容なのである。国会議員は文書通信交通滞在費(文通費)として、たった一日在職しただけでも、月一〇〇万円が「現金で」支給されるのに、骨身を削る介護職の給与設定は、守銭奴のようにけち臭く計算された金額しか許容されない。

非常勤(パートタイム)で働いているヘルパーは、さらに低い給与に甘んじている。世の中が休日であろうと祝日であろうと関係なく、せっせと仕事をこなし、やっと年収二〇〇万円程度。むろん、フルタイムのヘルパーより勤務時間が少ないのではあるが。

さらに、パートタイムではなく登録ヘルパーとして働いている人たちは、事業所に自分が登録した曜日と時間帯だけの勤務となるため、もっと低い給与になる。交通費がいっさい出ないばかりか、利用者の都合でキャンセルが発生した場合は給与も出ない。不安定な労働条件である。

こうした介護福祉士やフルタイム・ヘルパーやパートタイム・ヘルパーや登録ヘルパーは、利用者にとっては一律に「ヘルパー」である。父の訪問介護を担当してくれた「ヘルパー」は全部で二十三名だった。彼らの仕事は多岐にわたり、そうしたことができるスキルを身に付けていること自体、わたしには驚きだった。そんなことはヘルパーとしてやるのが当たり前、と言われてしまうかもしれないが、ヘルパーを利用する経験が浅かったわたしは、じつに感動につぐ感動を経験した。父も喜んで、ヘルパーの名前を一人ずつ覚えようとしていた。ヘルパーが到着すると、「ああ、嬉しい」と喜びを表現し、帰るときには「ご苦労さまでした」「ありがとうございました」と丁寧に頭を下げることが、日常の風景になっていった。

利用者の家族としてわたしが感動したヘルパーの仕事の内容を、以下に列挙したい。

ヘルパーの調理能力は高い

どのヘルパーも調理できる

お茶をペットボトルに入れるヘルパー

●ランチを用意するとき、どのヘルパーも高い調理能力を示し、美味な食事をつくってくれた（ランチの盛り付けがみごとだったときに「すごくきれい、うわぁ、センスあるね、美的感覚がすばらしい」というと、「持ち上げ上手ですね」と返ってきた）

●お茶を沸かすとき、沸いたお茶を数本のペットボトルに詰めて、冷蔵庫へ保管してくれた（お茶の沸かしかたが独特で、茶葉をパタパタ叩いてから水に浸すヘルパーがいたので、「いろいろ個性的な才能もってるね」というと、「誉め上手だな、ここ」と笑った）

●父を歩行器で部屋から部屋へと移動させるとき、父に手を添えたり、父の背中をやさしく撫で

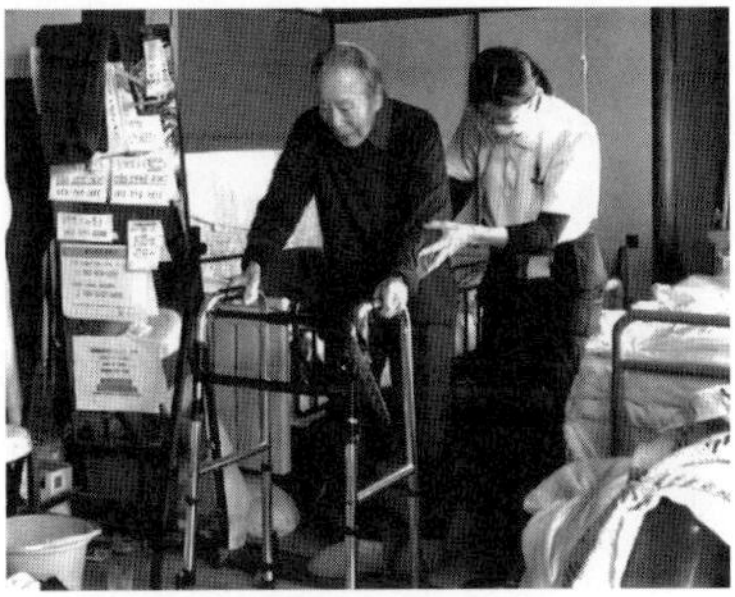

父にしっかり手を添えるヘルパー

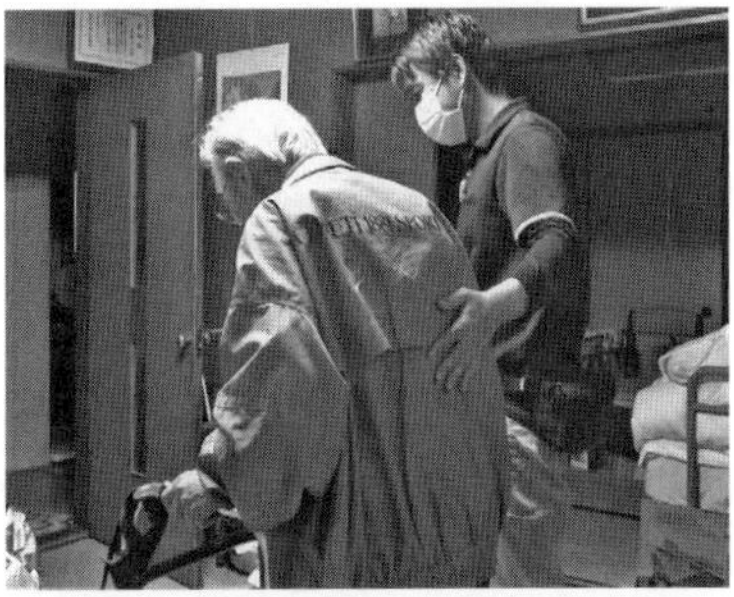

父の背中を撫でながら歩くヘルパーも

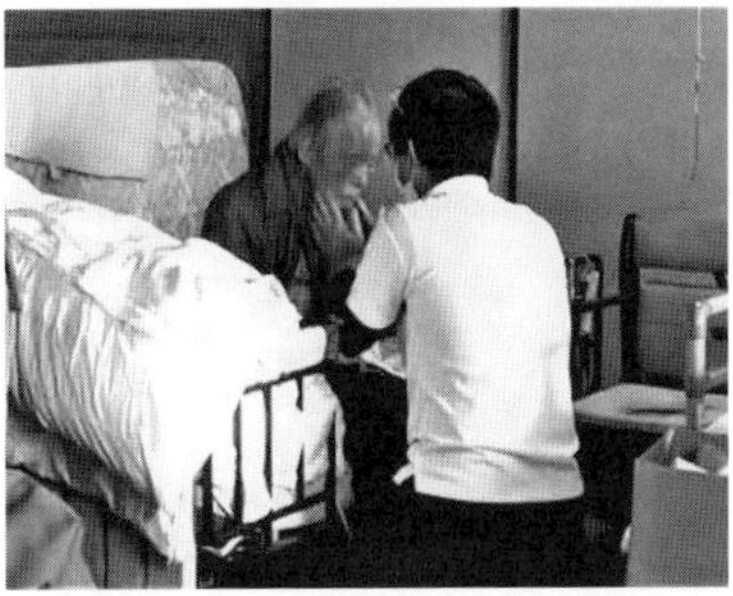

父の顔をていねいにケアするヘルパー

たりしてくれた
●父の顔にとてもていねいに保湿クリームを塗ってくれた
●父が痰を出しやすいようにバケツを持ち、促してくれた
●父の痛む足をさすってくれた
●風呂場を洗浄するとき、介護用風呂チェアまで洗ってくれた。ただ洗うのではなく、パッドを取り外して、チェアの隅々まで汚れをきれいに落としてくれた
●ポータブルトイレを洗浄するとき、外枠まで洗浄してくれた
●流しの食器を洗うとき、シンクや排水口まできれいに洗浄し、水切りネットを交換してくれた

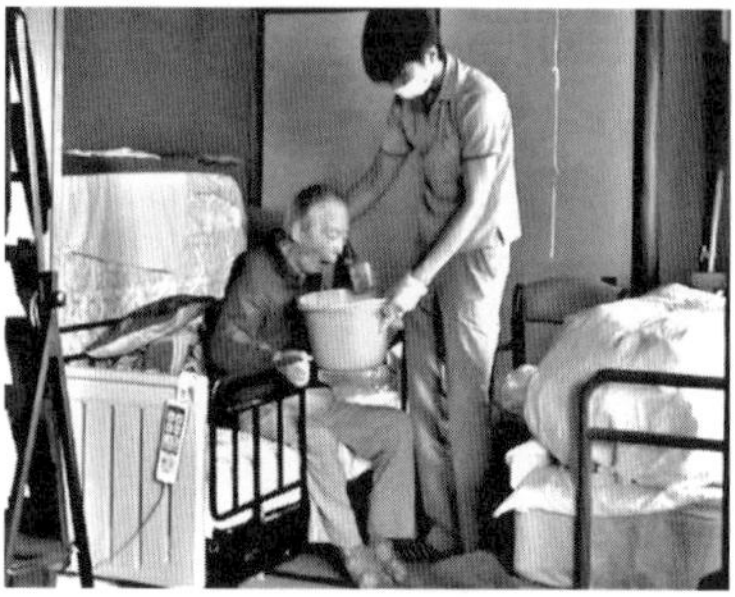
痰出しを介助するヘルパー

ポータブルトイレを洗うヘルパー

ポータブルトイレは頻繁に洗われた

●干し終わった洗濯物を取り入れるとき、きちんと折りたたんでタオルとか靴下とか肌着といったように分類してくれた
●リハビリパンツを父に迅速にはかせ、パンツのなかにパッドを上手につけて、尿漏れを防いでくれた
●数種類のリハビリパンツや紙おむつを購入したものの、使い分けがわからずに困惑していたとき、こういうときにはこれがよいと教示してくれた
●父が痛いと訴えると、そこにロキソニンテープを貼り、父が痒いと訴えると、そこを掻いてくれた

父の向こうで洗濯物をたたむヘルパー

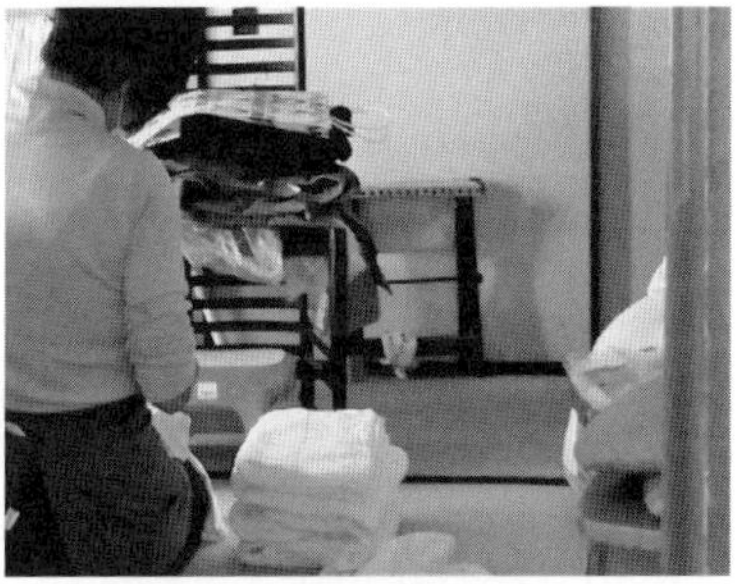
洗濯物が整然と分類されていく

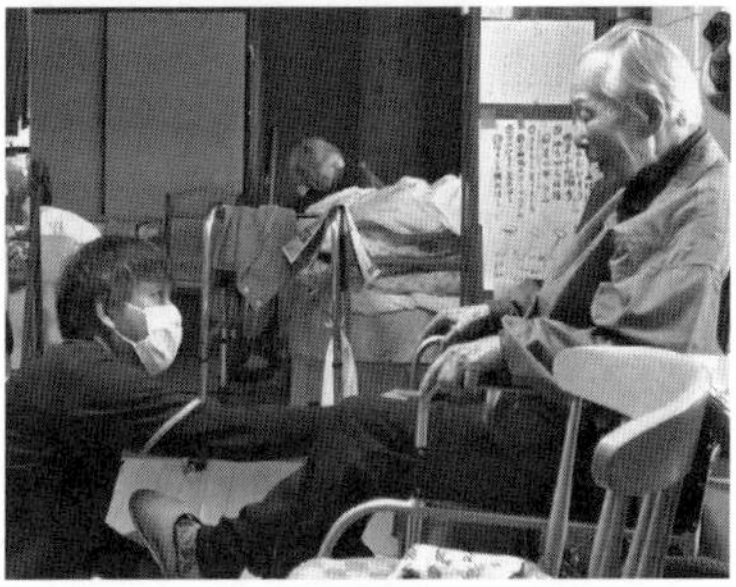
ヘルパーが父の痛む足をさする

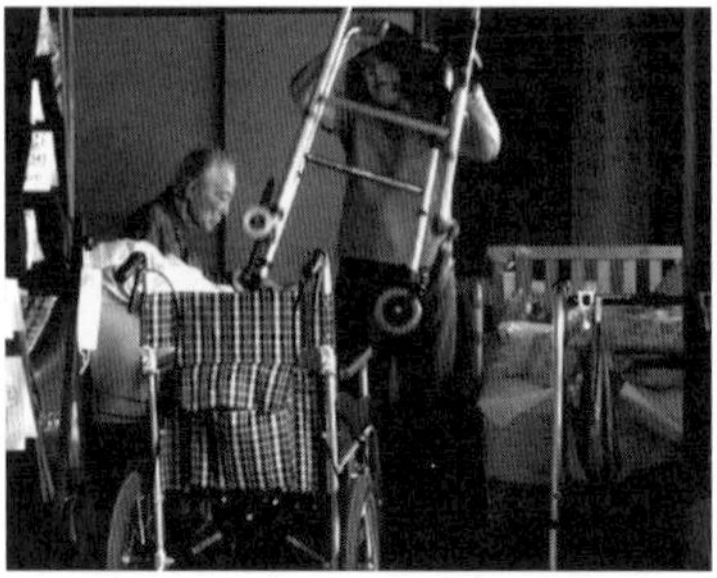

父をベッドに座らせて歩行器を取り払った

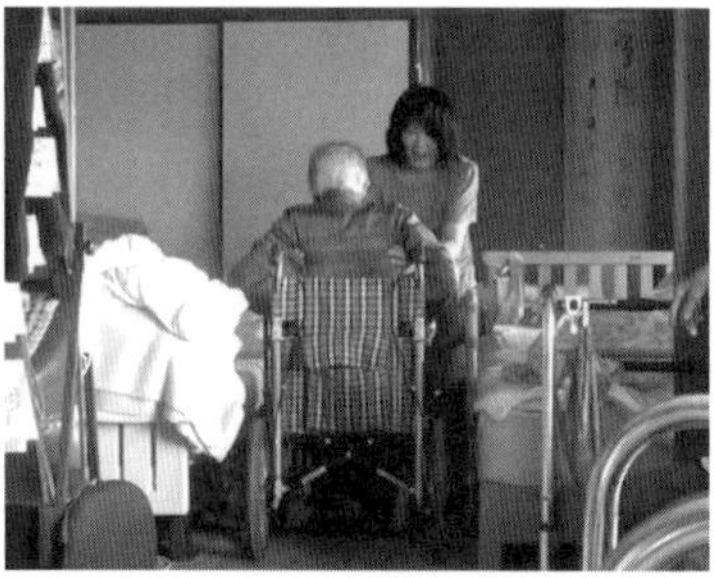

父を乗せた車椅子をベッドの横へ

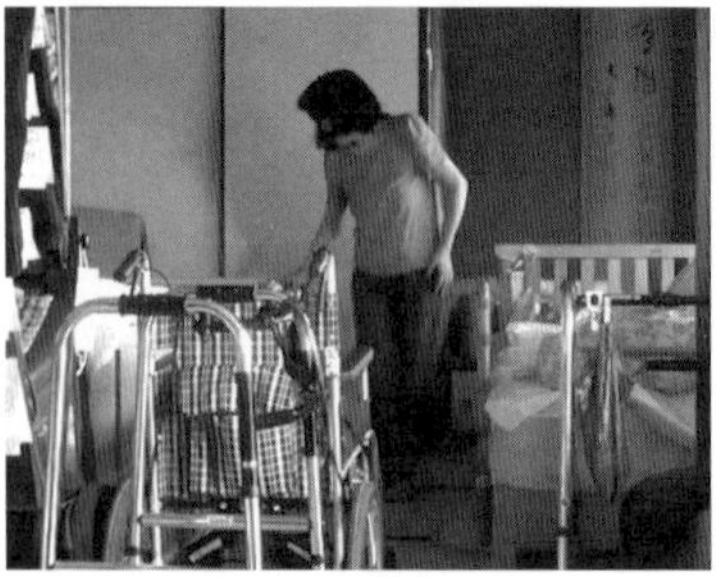

父がベッドに横になった

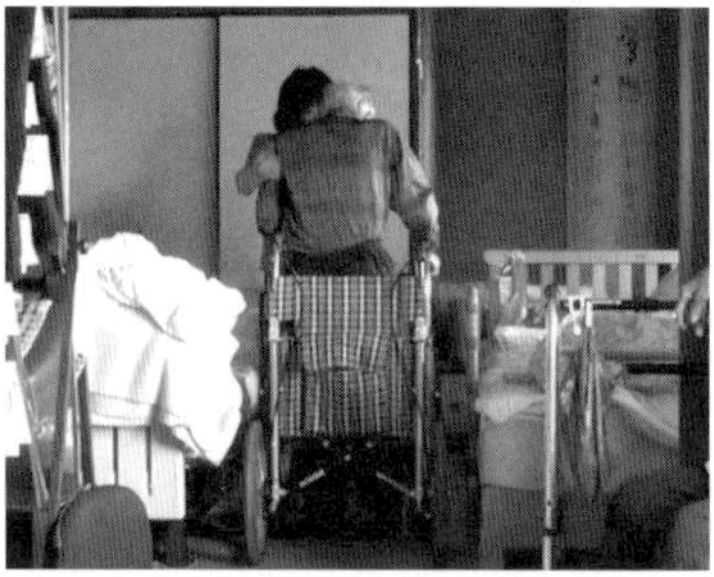

父を車椅子から立ち上がらせた

父を移乗させ終わったらヘルパーが来た

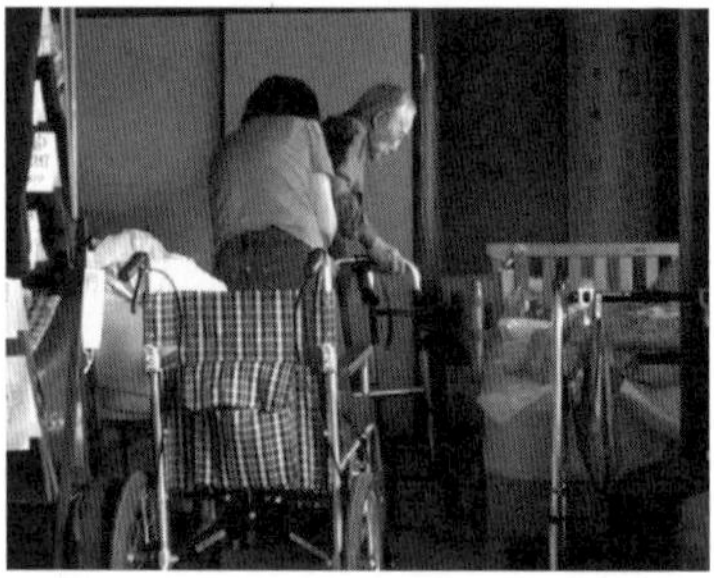

父を歩行器につかまらせ方向転換させた

まだまだある。リストはどこまでも続く。ヘルパーの働きぶりは、じつに感動づくめで、一人ひとりが心に残るケアをしてくれた。ヘルパーがいないときに父を寝かそうとして、車椅子からベッドへ移乗させたのであるが、それだけでも大変な労働であることが身に染みてわかった。

ヘルパーなしでは、父の生活は成り立たないと言っても過言ではなかった。ヘルパーのことを「黒子のような存在」とわたしは言ったことがあったし、偶然にもヘルパー自身が「黒子」という言葉で自分を表現したことがあった。表舞台に立っている父を、陰で支え動かしているのは、目立たずに黙々と働く黒子＝ヘルパーなのである。

父が利用したホームヘルプの事業所は六つあった。そのうち四つは派遣時間(三〇分未満と七〇分未満といった)によって利用料金が定められ、夜間・早期は割増になった。これは利用した分だけ支払うという形式のサービスだった。

二つは比較的新しく創設されたサービスであり、「地域密着型サービス」といってその事業所が立地している地域でサービスを実施するところに特色があった。また、定額制の料金であり、父の場合は月額四万七、四一〇円(要介護二、自己負担三割)と定められた。父は自己負担割合が三割だったため、一割負担(月額一万五、八〇四円)から見ると三倍の料金を払うことになるが、それでも格安だと思われた。ただし、こうした定額制のサービスを利用する場合は、「区分支給限度基準額」のほぼ全額を毎月支払うため、ほかの事業所のサービスを利用することはできなくなった。

これら二つの定額制のサービスのうち、一つ目は「小規模多機能型居宅介護」で二〇〇六年の介護保険法改訂によって創設されたものだった。このサービスは入居した老人ホームの事業主が提供していて、老人ホームの二階に小規模多機能型居宅介護の事務所があったため、同一の建物のなかですべてが動いていた。したがって、わざわざ訪問してもらっているという意識はなかった。それに父がまだ元気だったため、受けたサービスは入浴や洗濯や掃除など、ごく限られたものだった。

二つ目の「定期巡回・随時対応型訪問介護」は、二〇一二年の介護保険法改訂によって創設されたもので、誕生してから十年もたっていないサービスであった。このサービスを提供する事業所に、父は死に瀕していた二カ月のあいだ訪問介護をしてもらい、たいへん世話になった。二カ月目に入ると、一日数回の訪問頻度は変わらないものの、訪問時間が次第に長くなっていった。ヘルパーがかなり拘束されたはずである。それにもかかわらず、この事業所は最後まで父に寄り添ってくれた。とくに夜間の訪問はたいへんだったと思う。「夜間帯だけでうちの職員、百二十キロ、三十キロ、運転するんですよ。一日トータルでまわすと、二百キロ、三百キロはふつうにいく」と、話していたのだから。

註

（1）「神戸医療福祉専門学校　介護福祉士になるには」https://www.kmw.ac.jp/contents/kaigo/about　二〇二一年九月三〇日閲覧。

（2）「厚生労働省　介護福祉士の登録者数の推移」https://www.mhlw.go.jp/stf/seisakunitsuite/bunya/hukushi_kaigo/seikatsuhogo/shakai-kaigo-fukushi1/shakai-kaigo-fukushi6.html　二〇二一年九月三〇日閲覧。

（3）「介護福祉士の三大業務」https://careworker.info/kaigofukushishi-what/3gyoumu.html　二〇二一年九月三〇日閲覧。

（4）同右。

（5）「社会福祉士及び介護福祉士法」第四十八条の三に「登録喀痰吸引等事業者」の規定がある。https://elaws.e-gov.go.jp/document?lawid=362AC0000000030　二〇二一年九月三〇日閲覧。
（6）「社会福祉士及び介護福祉士法」第五十三条に「罰則」の規定がある。同上、二〇二一年九月三〇日閲覧。
（7）「介護福祉士の年収について」https://www.nippku.ac.jp/license/cw/care-worker-annual-income/「介護福祉士の給与・年収」https://www.nippku.ac.jp/license/cw/salary/　「介護福祉士とケアマネージャーの違い」https://www.nippku.ac.jp/license/cw/care-manager/　以上、二〇二一年九月三〇日閲覧。
（8）「変わりゆく福祉職場の『今』」https://www.youtube.com/watch?v=GiERs4rOq-w　二〇二一年十一月十二日閲覧。
（9）「公務員　国家一般職の年収はどれくらい?」https://www.agaroot.jp/komuin/column/ippan-annual-income/　二〇二一年九月三〇日閲覧。

第六章　ヘルパーが書き記す介護記録

ヘルパーは利用者の世話をしたあと、かならず記録をつけている。「サービス実施記録」と呼ばれるものである。ヘルパーがそうした記録をつけることは、義務づけられている。そのことを、わたしはまったく知らなかった。ヘルパーがじっさいに自宅で介護に従事してくれて、初めて知ったのであった。さらにあとになって、そうした記録の書式が、訪問介護向け業務ツールとしてウェブ公開されていることも知った。迅速に文章を構築する能力が、このような介護の場で要求されるのだ。

「サービス実施記録」の書式は各事業所によって決められていて、国や地域によって統一されているわけではない。記録の内容もまちまちである。「掃除、洗濯、買物」とだけ記す例もあれば、利用者の体調や言葉を書き留める例もある。父が老人ホームへ入居する前から自宅で息を引き取るまでの「サービス実施記録」は、手元に残っている。死んでしまった父は寡黙な人だったので、こうした記録に残された父の言葉はたいへん貴重である。家族のわたしが知らなかった一面を、ヘルパーの記録から読み取ることができる。父の存命中にもっと記録を熟読すべきだった、そうすれば父が望んでいたことをやってあげられたのに、と思うほどである。

利用者の家族としてありがたく思う記録の内容は、「掃除、洗濯、買物」とだけ記す例であるよりも、寸評でよいから利用者本人の言動を記す例である。「サービス実施記録」のなかに「ご利用者様の様子」という欄があらかじめ設けてある書式も存在し、そうした書式が広く定着すればよいと考えている。

その「ご利用者様の様子」には、つぎのような記載が並ぶ。父が好んで行った庭仕事に関しての

剪定の指示を庭師に

庭師の話に身が入る父

笑顔で庭師との話を終える

記述である。

「天気が良く、お庭仕事をされていらっしゃいました」
「庭師さんが入られ、お話をされていらっしゃいました」

こうした記録からわかることは、体内はがん細胞に侵され、まもなく死ぬことが運命づけられていても、父はまだ庭仕事ができ、庭師と話すことができたことである。

「サービス実施記録」のなかの「ご利用者様の様子」には、もうひとつ重要な記述があった。散

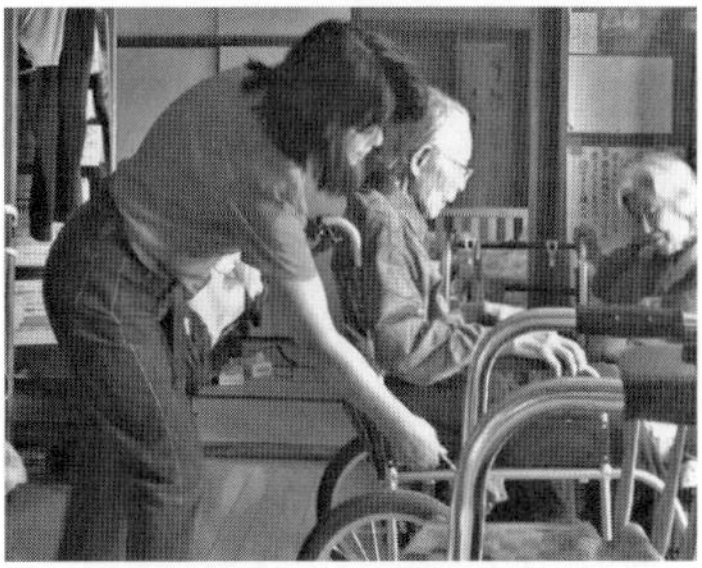

父の車椅子を準備する娘

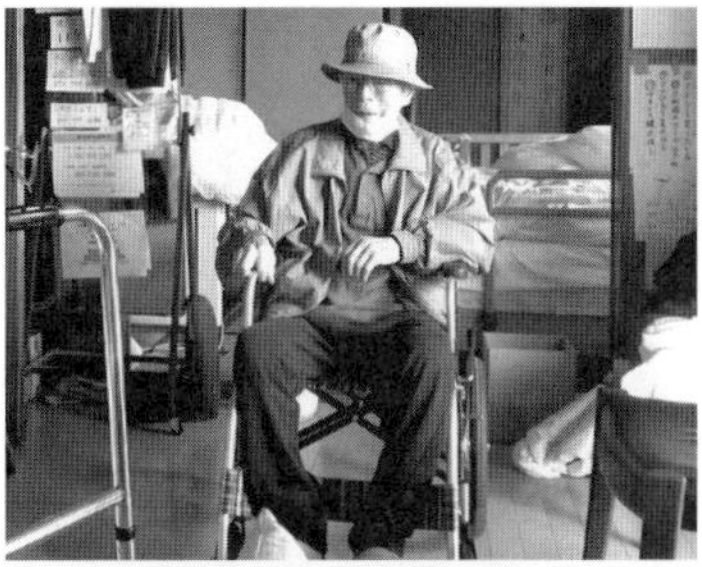

散歩へ出発する準備が完了

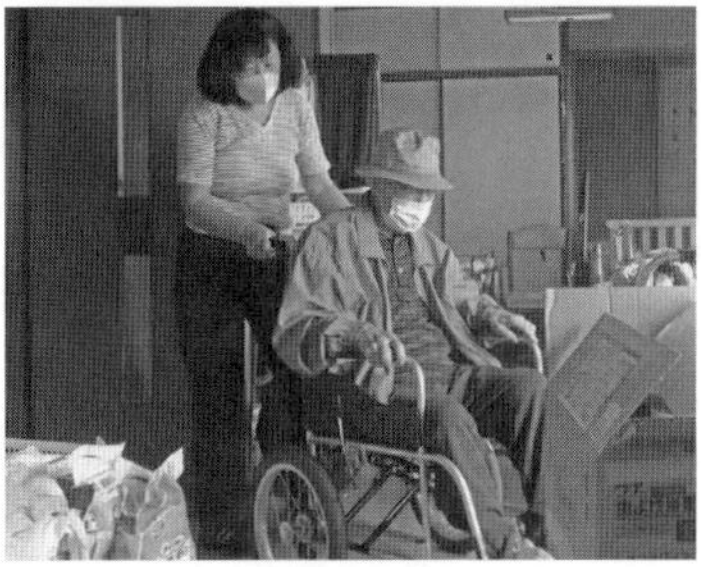

散歩へ出発

父母が散歩するのは今日かぎり

父のまなざしの先には母がいる

最後の散歩

歩についてである。老人ホームに入っていたときも、父が楽しみにしていたという散歩。ホーム退居後は、脚に激痛が走るせいか、自分の足で歩いて散歩したという記録は、一回だけであった。

「外で散歩されていました」

自分の足で歩いて散歩することが困難になると、車椅子で散歩をし続けた。車椅子を準備し、それを押して散歩に同行するのは、娘であるわたしの役目だった。

さらに、つぎのような記録も見つかった。父の「ラジオ体操」の軌跡が確認できるため、利用者家族にとっては貴重である。

「ラジオ体操してみえました」

「二人でラジオ体操をしてみえました。お風呂に入るときまでベッドでお休みになりました」

「立ってラジオ体操をしておられました」

「お昼のラジオ体操を聞きながら、椅子に座って足を動かしていらっしゃいました」

「足のマッサージ、ラジオ体操してみえました」

「今日は体調が良くないと、ラジオ体操はされませんでした」

自宅でラジオ体操する父

正午にラジオのNHK第二から流れるラジオ体操が、父のお気に入りで、日曜をのぞく毎日、ラジオ体操をすることが習わしになっていた。立ってやるとか、座ってやるとか、やらないといった体操のありかたは、父のその日の体調を反映していたのであろう。

ヘルパーの介護記録がなければ、まったく気づくことがなかったような父の動きを知ることもできた。記録はこう語る。

「靴箱のなかを整理されているようでした」

ラベルには独特な父の筆跡

靴箱には父が貼ったラベルが

玄関にはかなり大きい靴箱があるのだが、ヘルパーの記録が気になったので、父が亡くなったあと、開けてみた。すると、ヘルパーの証言どおり、多くの靴がきれいに並べられ、靴ごとに小さいラベルが貼ってあった。ラベルには父独特の筆跡で、家族の名前が記されていた。いつの間に……。

読書に関する記録も見られた。つぎのようなセンテンスが、父の死ぬ二カ月前に記されていた。

「静かに新聞を読んでおられました」
「新聞をノブコ様と仲良く読んでいらっしゃいました」
「佐藤愛子さんの書かれた本を読んでいらっしゃいました」

新聞が好きだった父は、死の直前まで新聞を隅から隅まで読んでいたのだ。一度でも新聞の記事について、父と語り合えばよかった。家の書庫には二〇〇冊の父の愛読書が積まれていたのに、死ぬ前に父の手が届く範囲にあったのは新聞と佐藤愛子の一冊だけであった。

書庫からたくさんの本を取り出して、父の目の前に並べておけばよかったものを……。家族としての配慮が欠如していたことが、いまさらながら介護記録から追想される。

父の体調が悪化している様子も、疲れやすくなっている様子も、ヘルパーの介護記録から見て取れる。

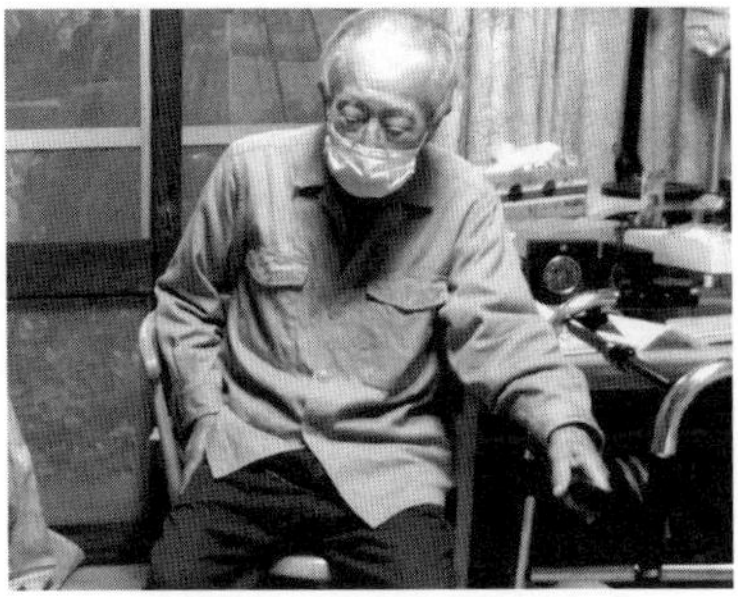

激痛が走る腰を押さえる父

「少し微熱があり、時々咳をされるそうです」

「体が疲れるのか、時々ベッドで休まれてました」

「時々眠そうにしているところを、ノブコさんが『あんた、眠いんかね?』と話しかけていました」

「足の痛みはなかなか引かないようで、『どうなるのか、先が不安になる』とおっしゃっておられました。食事は完食されます」

「訪問した時、寝ておられました」

「新しい介護施設の契約に人が入られ、落ちつかないようでした」

「病院で診察。とても疲れたそうです。昼食後はベッド上へ」

「訪問看護の先生がみえて、いろいろ診てもらい、疲れてしまったそうです」

ヘルパーの記録には、家族へのあたたかい眼差しが随所に感じられる。

「娘さんが洗濯機を回しておいてくださいました」

「冷蔵庫の中にランチに使ってください、という食材がたくさんありました」

「娘さんと一緒に談話されながら、食事をされていらっしゃいました」

食卓で娘と談話する父

死ぬ直前まで、父が欠かさず行っていたことがある。それは、お経を読むことだった。『般若波羅蜜多心経』を父と母は一冊ずつ所有していた。それを毎日一回、声を合わせて音読していたのである。ヘルパーの記録にこう記されている。

「その後お経を読まれ、就寝介助行う。移動のさいや、横になったさいもずっと歌われている」

お経のほかに、「ずっと歌われている」という記述があるとおり、父はいつしか歌を歌い出した。

その歌の時間は、しだいに長くなっていった。歌の記録がヘルパーによって記された最初の日付けは、死ぬ二カ月前であった。その記録はこうなっている。

「訪問時、居間にて歌を歌われている。トイレ後はラジオ体操され、食事を召し上がる」

それまで、父が歌うことにだれも注意を向けなかった。そもそも父は石川啄木の詩を吟ずることはあっても、いわゆる歌を歌うということは、やらなかったはずである。ところがいつしか歌うようになり、ヘルパーが気づいたころには、毎日、歌っていたのである。お経の音読は何十年も前か

お経を音読する父と母

お経がうまく音読できた

父母二人で歌ったあとの笑顔

ら実践していたが、そこに歌が加わったのであった。

初めて歌のことが言及された日から、ヘルパーの記録には毎日、父が歌を歌っていることへの言及がある。父が欠かさずやっていたラジオ体操とペアで出ることもあった。すぐに父と母はいっしょに歌うようになった。


「奥様と歌をうたっている。調子がいいのか『もう一曲』と楽しそう」

「訪問時、歌を歌われている。洗濯物を干し、トイレ誘導後、居間にてラジオ体操をされる」

「訪問時歌を歌われている。トイレ誘導後も歌を歌われ、リビングに移動してからラジオ体操行われる」

「訪問時、居間にて歌われている。しばらく歌いたいとのことで、先に洗い物をしてから、就寝介助を行う」

「すでに娘様帰宅されており、夕食の誘導行う。奥様と歌を歌われており、大きな太い声が出ていた」

「訪問時、歌を歌われている。ポータブルトイレ介助し、居間に誘導行う。居間にて歌を歌われる」

「訪問時、食堂に居られる。声がけにてリビングへ移動し口腔ケア、バケツ洗浄のち、歌を歌われる間に食器洗い行う」

「訪問時、歌を歌われている。声がけにて臥床していただく」

「訪問時、歌を歌っておられる。その間、流しの洗い物を行い、口腔ケア行う」

「歌を歌われ、その後リビングへご案内した。パッド内排尿なし。ポータブルトイレにて排尿される。『ご苦労様でした』と何度も声をかけてくださる」

「入浴後臥床されていたが、しっかりと覚醒され、歌を歌われた」

「訪問時、夕食を終えられ長女様にて内服介助中。交代し口腔ケア行う。その後リビングへ移動され、歌を披露してくださる」

「すでに夕食・内服も終えられていた。口腔ケア実施し、リビングまで移動し、歌を歌われる。その後入床される」

「すでに内服・口腔ケアを終えられている。リビングへ移動し、歌を歌われる」

「離床を一旦断られるも、すぐに自ら足を出され端坐位になろうとされる。内服介助・口腔ケア実施。その後リビングへ移動し歌を歌っていただく」

「キッチンでお経・歌を楽しまれている」

「居間にて歌を楽しまれた後、食堂へ移動介助行う」

「歌を五分程歌われた後、臥床介助行う」

「動きもスムーズであったが、リビングで一旦休憩して頂き、一曲歌って頂きキッチンまでご案内する」

「リビングにて奥様と歌を歌われていた」

「ベッドへ行く前に少し歌われてベッドへ移動される」

「リビングに移動され歌を披露してくださる」

「リビングで歌を歌われた後、就寝介助」

「歌を歌われた後ベッドまで誘導、臥床していただく」

「リビングで奥様・娘様と歌を歌われている。その後ベッドへ移動する」

「訪問時、歌を歌われておられる」

「ベッドサイドで一曲歌っていただく」


なぜ、死ぬ二か月前に歌が突然、父の人生に出現したのか。今となっては、父に聞くことはできず、知るすべはないが、父は特定の三曲に執心していたようである。父自身、昼さがりの母との会話のなかで、こう語っていた。

父　何時？
母　今一時だよ
父　あのね、歌が三つあるの。その三つの歌を順次歌っていくと、かなりの量になるこのとき、父はその「三つの歌」を歌いたがっていた。しかし、母がフォローしなかったため、歌うことを断念したようだ。やがて父は歌いたかった三曲だけでなく、七曲に増えた人生の最期の歌を披露する機会に恵まれることになる。それは第八章で述べる「歌の会議」が開催されることで実現するのであるが、その「会議」は父の死の四週間前に初めて開かれたものであった。

第七章　ヘルパーが引き出した父の内面

ヘルパーの功績は、課せられた仕事をきちんとこなしたり、父の貴重な記録を残したりすることだけではなかった。ヘルパーは利用者である父の精神面に、けっして小さくはない影響を与えた。父は律儀で、真面目で、寡黙で、ジョークを言うことなど想像さえできない人だった。その父が、ヘルパーとはよく話をしたのである。ただ話すだけではなく、会話のなかで言葉遊びも楽しんでいるようなのである。新たな父の一面が、ヘルパーによって引き出されたのかもしれない。たとえば、こんな会話が聞かれた。

ヘルパー　いつも朝食を抜くから、この時間になるとお腹ペコペコ
父　　　　ペコペコのペコ、ペコのおしっこ
ヘルパー　おれ、ちょっとわからんな

父の「ペコ」は、明らかに言葉遊びである。このとき、「おしっこ」をしたかったわけではなく、言葉をつなぎ合わせて楽しんでいたのであろう。

べつの例もある。到着したヘルパーが、父の寝室のふすまを開けて入ってきたときのこと。

ヘルパー　開けるよぉ〜

父　ようやく来てくださった。きゅうでん、来てくださって嬉しい

この「きゅうでん」は意味不明だが、ヘルパーの到着をずっと待ちわびていた父が、とっさに思いついた言葉であろう。

父はヘルパーに「ありがとうございました」とか「ご苦労さまでした」という言葉を何度も心をこめて言い、また到着時には「嬉しい」と素直に心を語っていた。ヘルパーが来たとき、つぎのような丁寧語のやりとりもあった。

父　嬉しい、嬉しい

ヘルパー　もったいないお言葉、ありがとうございます

父　何と申し上げましょうか

ヘルパー　いやあ、もったいない

就寝時には、つぎの会話が進展した。

ヘルパー一　おやすみなさい
父　お幸せに
ヘルパー一　ありがとうございます
ヘルパー二　ぼく、言われたことない、お幸せにって
ヘルパー一　なんかいいことあるような気がする

父はヘルパーには、どんな小さなことでも話していたようだ。ヘルパーがいないときは、ほとんど口を閉ざしていた父だったのに。つぎのような些細なやり取りも見られた。いずれも父から話しかけていることは、驚きだ。

父　カナイ……
ヘルパー　カレー？
父　家内
ヘルパー　家内？　おるよ、隣に
父　家内が寒いって

娘　いや、暖かいってさ
父　ほんとう？
ヘルパー　（お腹を指して）なんで、ここ、湿ってるの？
父　今、保湿のクリーム、塗りました。だから
ヘルパー　それはいいんですがねぇ、なんか気持ち悪い
父　おしっこ
ヘルパー　だいじょうぶ？　この体勢で、できる？　どうですか？　今出とる？
父　今出ておる
ヘルパー　ごめんね、おしっこ中にお尻ペタペタして

父が一週間のあいだピコスルファート液を服用しても大便が出ず、苦しんだ末、浣腸をやることになったさい、ヘルパーと気のきいた会話をしていた。大便を「大きなおとっちゃん」と呼ぶ父の発想は、ヘルパーが相手だから自然に出てきたのだろう。

父　おしっこはね、チョロチョロチョロチョロ。ところが、大きなおとっちゃんは出てこない

ヘルパー　出てこない？　恥ずかしがり屋さんね
父　　　　情けないおとっちゃんだ

べつの日には、放屁と大便が比較されて会話が進んでいる。

父　　　　屁は出たけども
ヘルパー　実は？　実は出さなかんよ
父　　　　実は出んねえ
ヘルパー　実は出んのかね
父　　　　情けないな
ヘルパー　実が出ると、やったーって言うんだけど

じつに何気ない会話に、ヘルパーの思いやりが感じられる。

ヘルパー　キヨミさん、おはよう、寝れた？
父　　　　あんまり寝れなかった
ヘルパー　きょう、天気悪いでね

よく寝れなかったのは、天気が悪いせいだと慰めるヘルパー。こうした思いやりを、日常の人間関係に適応できたら、社会はもっと温かくなるだろう。

ヘルパー独自の気の利いた言葉づかいの例は、まだ多く見られた。たとえば、朝の着替えが終わると、ヘルパーは「ウチのおとうさんの出来上がりぃ〜」とシャレた表現をして、父をうまく食堂まで誘導してくれた。

ヘルパー　おはようございます。ウチのおとうさんの出来上がりぃ〜
（父はその言葉に後押しされたように、力強く前へ歩く）
ヘルパー　お上手。じゃ、今度、ここに座るでね
父　　　　はい
ヘルパー　あらためて、おはようございます

こうして父は、朝食のためのテーブルにすんなりと着席できたのであった。

ひとつひとつの動作にも、ヘルパーらしいコメントが付けられることが多かった。そうすることで、コミュニケーションが良好に保たれた。たとえば、朝の起床のときのこと、激痛でなかなか動けない父のために、痛みを言葉でやっつけようとしてくれたヘルパーがいた。

ヘルパー　お父さん、失礼いたしますね。この一枚目の布団をめくると、寒いと思うんですね。わかりますよ。わたしが悪魔に見えるんですね、この一枚をめくるときはね。お膝、曲げますよ
娘　だめ、それはだめ、痛い痛い、右はだめ
父　いいですよ
娘　ええっ？　ヘルパーには優しい！
ヘルパー　起きられる？
父　起きられない、痛いから
ヘルパー　痛いかね、かわいそうにね
父　痛い
ヘルパー　痛いの、痛いの、飛んでけ。痛くない？　だいじょうぶ？
父　痛いよ
ヘルパー　足、痛いねえ。がまんしていかんよ、がまんは敵だよ

服を着せるとき、ちょっとした声がけをしてくれるヘルパーもいた。

ヘルパー　服のうしろの線もきちんとなりました
父　はい、ありがとう
ヘルパー　食卓、行きますか？　ゆっくりでいいからね

ヘルパーの言葉に、父は敏感に反応する。べつのヘルパーがやはり服を着せているとき、ズボンやパンツや靴下など下の着替えからやろうとしたが、その「した」という発音がなまって「しんだ」になり、「シンダ変えますね」と聞こえた。そばにいた娘のわたしにも、そう聞こえた。すると父はすぐ質問した。

父　寝台を変える？
ヘルパー一　した、したのほう。上、下の下のほうね
父　ああ、そう
ヘルパー二　よう聞こえとる、日本語だいじょうぶ
ヘルパー一　発音、大事やね
父　そのとおり

その二人のヘルパーたちは、まるで漫才をやっているような調子で、父の心をなごませていた。

下の着替えが進行して、いよいよ靴下を脱がせるとき、足指に巻いてあったキズテープが靴下といっしょに剥がれ落ちた。するとヘルパーたちはこんな会話を父に披露した。

ヘルパー一　おお、取れた！
ヘルパー二　びっくりした、足指が取れたかと思った
ヘルパー一　足指が取れたら、おれ、もう助からへん

ほかにも着替のときに、「パンツ忘れた。まだ間に合う。よくやるんですよ。シャツ、前、後ろにやったり」と笑わせるヘルパーがいた。パンツを忘れるとは、さすがにもうこれっきりにしてほしいと思うが、どんな小さな動作にもヘルパーたちは声を発することが多い。みな、優れたコミュニケーション能力の持ち主だった。

ヘルパーの言葉に啓発されて、父が自分の過去の人生を語りはじめるシーンもあった。ヘルパーが父を居間までうまく誘導したときのこと、父はいつものようにお礼を述べ、そのあとにつぎのような会話が進展していった。

父　ありがとうございました
ヘルパー　（うまく誘導できたのは）ぼくが慣れてきたってこともあるね

父　本来ですと、外へ出てね、園芸作業するのが、従来やってきた仕事だったんですけどね、それが何の変化か知らんけれど……

父はヘルパーの「慣れてきた」という言葉に反応したようだ。今の自分は不本意にも不慣れなことをやっているが、本来なら慣れた庭仕事をやっていたはず、ということを語りはじめたのである。脚の激痛と苦しい咳に悩まされ、自分の身に起こっている「変化」に不安をおぼえる父が、ヘルパー相手なら心のうちを話せたのだった。

父は庭を大切に手入れしてきた。話が庭や植えた木々におよぶと、無口な父が会話好きへ変身する。そのことを知るに及んだヘルパーは、庭の話題を出すことがあった。ただ、父は庭を眺めることさえ不可能な身体状態だったため、「お庭のくだもの」と言われても、なにが実っているかを確認することはできなかった。それにもかかわらず、きちんと受け答えできていたのは、おそらく過去の記憶を呼び起こしつつ話していたからであろう。「お庭のくだもの」と聞いて、父の頭に浮かんだものは、まず「柿」であったことが、会話から窺える。つぎに父は、季節が六月であることから推察して、「柿」を「夏みかん」へ修正したのだった。

ヘルパー　お庭のくだものは、あれ、なに?

父　柿とねぇ……柿はまだならん

ヘルパー　あっちにあるやつ、オレンジ色のやつ
父　柿のほかに夏みかん。黄色いのね、夏みかんね
ヘルパー　夏みかんって、いつ食べれるんでしたっけ
父　もういいですよ。ちょっと今、なりすぎかもしれませんがね
ヘルパー　けっこうなっとるね、あれね
父　そう、たくさんなっとりますね

体を動かすことができなかった父は、「あっちにある」と言われても、その方向を目視することができず、さぞ口惜しかったであろう。それでも「そう、たくさんなっとりますね」と想像しながら、穏やかに会話を続けたのだった。
つぎのヘルパーは父と出会えたことを、ほんとうに喜んでくれた。父は相槌を打ちながら、その人の言葉にじっと耳を傾けていた。

ヘルパー　わたくしごとなんですけど、わたし、お父さんがいなくって、小さいときから
父　ほお
ヘルパー　だからねえ、お父さんがおられると、うらやましい
父　ああ、そうかね

ヘルパー　今、こういう仕事させていただいて、いっぱいお父さんに出会えるから、ありがたい

父は強い精神の持ち主で、弱音というものは吐いたことがなかった。しかし、ヘルパーがいると安心できるのか、自分の内面をごく自然に口に出すようになった。自分が死んだという悪夢を口にしたり、自分の妻が亡くなる悲劇を想像したり、周りの人がみんな死んでしまう恐怖を語ったりした。そんななかで娘であるわたしまでいなくなる不安が述べられた。寝室から食堂へ移動する父をヘルパーが介助していたときのことだった。

父　　　座るよ
ヘルパー　座るんだね、(椅子を父の背後に配置しながら)ちょっと待っててよ
父　　　後ろに座るよぉ
ヘルパー　はあい、よいしょっと
父　　　ヨーコちゃん、ヨーコちゃん、ヨーコちゃん
ヘルパー　おる、おる、目の前におるよ
娘　　　はいはいはい、どうしたの？
父　　　どうしたのって、あんた、どうしたの？

ヘルパーはここで笑い転げたし、娘であるわたしも笑ってしまった。しかし、父は深刻な表情で「どこへ行くつもり?」とわたしに尋ねた。この言葉で、父がわたしの消失(すなわち死)を案じているることを察し、すぐに答えた。「どこへも行かないよ、きょうは。きのうもどこへも行かなかったし、その前もどこへも行かなかった。ずうっと何日も、何十日も、何百日もこの家にいるよ。」すると父は、「ほんと? おかしいなあ」と首をかしげていた。それほど死によって親しい人が奪われていく悪夢を見続けていたのだ。そして、死の恐怖を父がごく自然に話せたのは、ヘルパーが傍にいたときに限られていた。

こうした例は、数えきれないほどあった。ヘルパーが横にいたとき、父はわたしにこう問いかけてきた。

父　ヨーコちゃん、ヨーコちゃんの病気のことは、どうする?
娘　ええっ、病気? ヨーコちゃんの病気? ヨーコちゃんて、どういう病気なんだっけ?
父　心臓
娘　心臓? それはノブコ。ノブコは心臓の病気がある。ヨーコは、病気はない
父　ヨーコが病気になって……
娘　病気になってない。死んでもない。死んでないからね。ちゃんとここに生きてるからね

父　ほんと？　困ったな

娘　どうして。生きてるんだから、困らないよ。ここで元気にしてるんだから。ぜんぜん病気になんかなってない

わたしと父だけの場面では、生死や病気に関する会話は一度もなかったし、そもそも父は貝のように口を閉ざす傾向があった。ところがヘルパーが傍にいると、父はよく話す人に変化したのだった。ヘルパーにはコミュニケーション力があるだけでなく、心の内奥にあるものまで引き出す力があるようだった。じつに不思議なことだった。

死にまつわる暗い会話だけでなく、明るい会話もヘルパーがいると自然に沸き起こった。ある日、父はヘルパーにこう話しはじめた。

父　ゆうべねぇ、わし、飛行機に乗っておったんだ。ほんで、飛行機から飛び降りて、このへんに落ちた。この家に。そんな夢を見たの

ヘルパー　なんでそんな夢、見たんでしょうね

父　なんでだろうね

ヘルパー　ぼくはね、きれ〜な女の子とデートする夢を見た

父　はあぁ

ヘルパー　なんでだろうね。ようわからんけど、おたがい願望なんですかね

父　そうかもしれんね

父だけでなく、家族もヘルパーの影響を受けた。たわいもない日常生活のなかのどんな要素も会話に登場するようになった。たとえば、お茶を沸かして、ペットボトルにつめて保存するという作業をヘルパーに担当してもらっていたが、ヘルパーによってはペットボトルの底に藻が茂ったかのようなブヨブヨとしたものを発生させることがあった。お茶は毎日飲むため、このブヨブヨはよく目について、しばしば話題となった。ある日、父がお茶を口にふくんだときには、このような会話が進んだ。

娘　今飲んでるお茶だって、特別なお茶なんだよ

ヘルパー　ぼくの手にかかれば、もう……

娘　そう、特別な栄養素が入り込むの。ほんと、不思議なんだよ。お茶の底を見るとわかるけれど

ヘルパー　個性が入ってる

第八章　スーパーヘルパーの演技力

二十三人のヘルパーと父は知り合いになったが、なかに一人、群を抜いてまばゆく光るスーパーヘルパーがいた。ヘルパーの業務に従事していないときは、ふつうの人であるが、ヘルパーのスイッチが入ると、彼の脳にある神経細胞が勢いよく動きはじめて特別なものを生み出すのだろう。その特別なものとは、ひとことで言えば、巧みな演技力である。

だれでも生活していくなかで複数の役割をもっていて、それらの役割を演じている。子に対しては父あるいは母の役割を演じるだろうし、職場の上司に対しては部下の役割を演じるだろう。親しい友人に対するときの言動は、知らない人に対するときのそれとは異なるだろう。「演じてなんかいない」という人も、人に対するとき(対人モード)と自分だけのとき(孤独モード)では、気持ちのもちようが違うはずである。かつての同僚が、優れた洞察を行ったことがあった――「ぼくはここ[職場]で演じ続けてますよ。しょせん人生は演じることです。」古い例では、十六世紀から十七世紀のルネサンス期イギリスで活躍していた詩人・劇作家ウィリアム・シェイクスピアが、人の一生を舞台で演じることに喩え、人生を演技に結びつけていた。

ヘルパーの役割を楽しめるヘルパーは、幸運である。タレント・加藤茶の再婚相手は、四十五歳年上の夫を介護する未来を予想して、「介護福祉士実務者研修」の資格をとったそうである。その資格を活かして、今ではデイサービスの施設利用者たちの世話を「楽しく」やっているとのこと。(10)同様に、父の世話をしたスーパーヘルパーは、ヘルパーの役割を存分に楽しんでいた。

スーパーヘルパーがやってくると、最初にするのは挨拶である。到着時にドアを開けるとき、「お邪魔します」とつぶやくが、そのときヘルパーのスイッチが入るのであろう。利用者にむかって大きな声で、「おはよう」とか「来たよぉ」とか「こんにちは」といった挨拶をする。たしかに、これはどのヘルパーもやっている。しかし彼の場合、挨拶の後に他愛もないひとことが付加されるのである。たとえば、雨降りの日には「来たよぉ」の後に、このようなセンテンスが付加されていた――「雨が土砂降りになりましたよ。ドアのところに来るだけで、こんなに濡れました、こんなに」。そうした台詞が付け加えられるだけでなく、ジェスチャーで自分の服についた雨を払ってみせる。タイムリーな台詞を即座に思いつき、おどけたような身振り手振りでコミュニケーションをはかることは、いわば、みずから監督、脚本、主演をつとめて、ドラマを演じているようなものだ。それが自然体でなされていくところに、超人の所以がある。こうしたドラマが進行しているあいだ、彼の声は語尾上がりの、明るく、大きな、甘えん坊っぽい声になっている。彼が生み出した独特なヘルパー・ボイスである。

独特なヘルパー・ボイスを使うだけでなく、このヘルパーはほかの工夫もしている。場をなごませるためか、センテンスの冒頭か語尾に「にゃ」とか「ふにゃ」とか「ぬっ」とか「ねっ」といった「な行」のネコ音を入れて話すのである。たとえば――

ヘルパー　こんにちは
父　あっ、見えた
ヘルパー　にゃ、来たよぉ

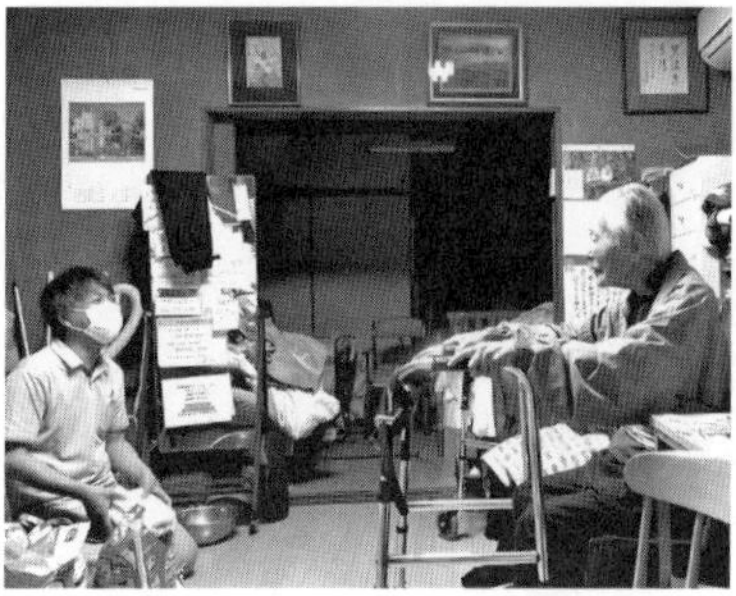
笑顔のヘルパー、笑顔になる父

ネコ音を使うのは、スーパーヘルパーが生み出したヘルパー・ランゲージといえる。このような言語をつかう人には、これまで出会ったことがなかったため、いたく驚いた。

父はこのヘルパーによく笑顔を見せた。そういうときには、ヘルパーが先に笑顔になっている。微笑むというボディ・ランゲージも、大切なコミュニケーション法である。

巧みなコミュニケーション法の例は、ほかにもある。父が食事のとき初めて白いエプロンをつけたときのこと。白いエプロンを見たヘルパーは、「おおー」という歓喜の声と満面の笑みのあとに、言葉を続けた。「ぼくのお父さん、仕出し屋さんで、毎日こういう白いの、してたんです。」小さなエプロンから彼の家族の話へと、コミュニケーションは膨らんでいく。

髭剃りのときも、そうであった。父が苦しい息をゼイゼイしながら、それでもカミソリを自分で持って髭をそったときのこと。ヘルパーは父の顔を見て、微笑みと同時に驚きの声を発する。「あー、あら」。そして、こう言う。「男前は知っとったけど、より男前になって、すごいね。」つぎに、近寄って父の顔をのぞきこむジェスチャー。このように大きく体を動かしながら、喜怒哀楽が演じられていく。いや、「怒」だけは、けっして演じられない。不満や怒りなどネガティヴな表現

スーパーヘルパーの到着に驚喜する父

この日も驚喜が起こった

ヘルパー独自の父への挨拶

を、利用者に見せることはない。

このヘルパーの到着を楽しみにしていた父は、口癖のように「来てくださって、嬉しい」と言葉で嬉しい驚きを示し、そうした表情も見せた。去っていくときには、次回の訪問を待ち遠しがって、「首を長くしてお待ちしております」と言う。するとヘルパーは、「首は長くせんでいいからね」と答える。ユーモアを駆使する能力は、ヘルパーとして活かされている。べつの日、父の塗り薬プロペトが見当たらなかったとき、彼は「三べん回ってワン」と言いながら、ほんとうにくるくる回りはじめた。そして回り終えると「あった！」と歓声。回転中に見つけたという。そのような愉快な探しかたに接したのは、初めてだった。

このスーパーヘルパーの名前を、父はなかなか覚えなかった。覚えなかったというより、初回の訪問時にいっしょにやって来た別のヘルパーの名前をしっかりと覚えたため、その別人の名前がつねに口から出るようになったのである。しかしついに、このスーパーヘルパーの名前を「存じ上げております」と答えるにいたった。するとスーパーヘルパーはたいへん嬉しそうに「光栄でございます」と返事をした。

しばらくすると、父とスーパーヘルパーのあいだには言葉による挨拶のほかに、手による挨拶が生まれた。ヘルパーが「こんにちは」と声をかけると、父は両手を布団から出し、大きく振って答えた。ときには、ヘルパーが手を振ると、父が反応して同じ動作をすることもあった。さらにヘルパーがグー、パーの手の動きをするのに合わせて、父が同じ手の動きをすることもあった。ふたり

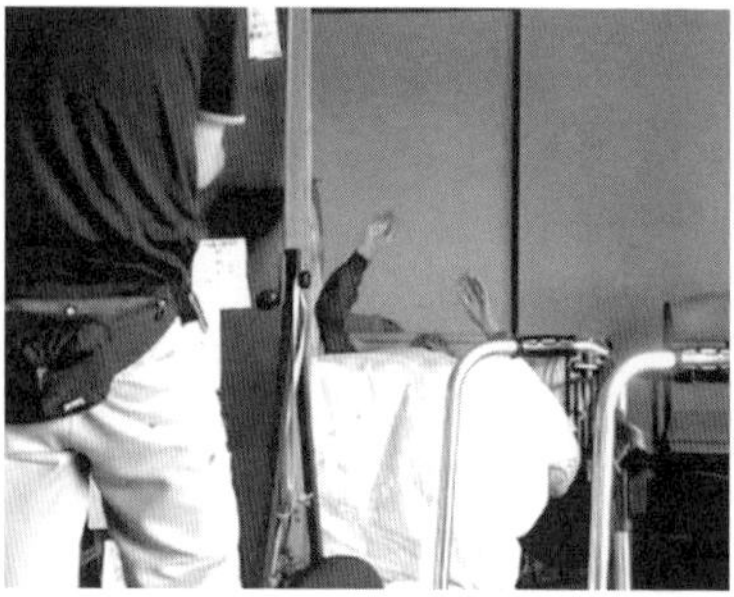

ヘルパーの呼びかけに父が両手を大きく振る

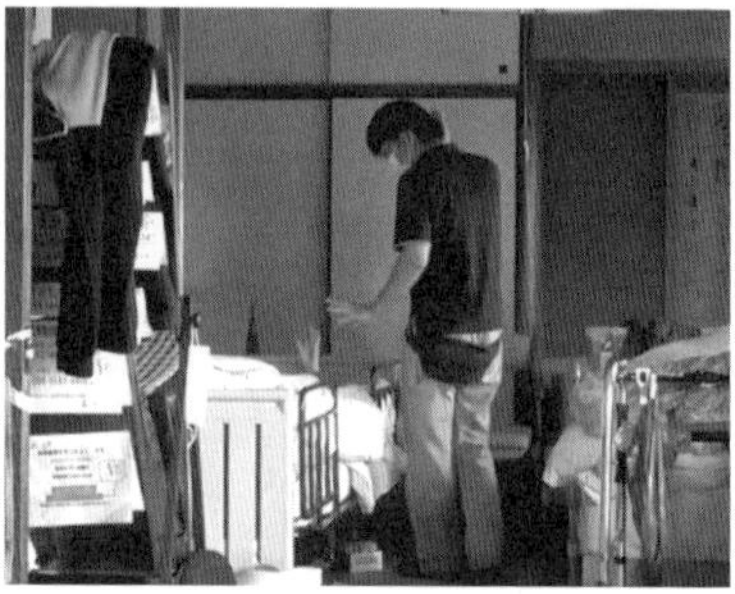

ヘルパーが手を振ると父も

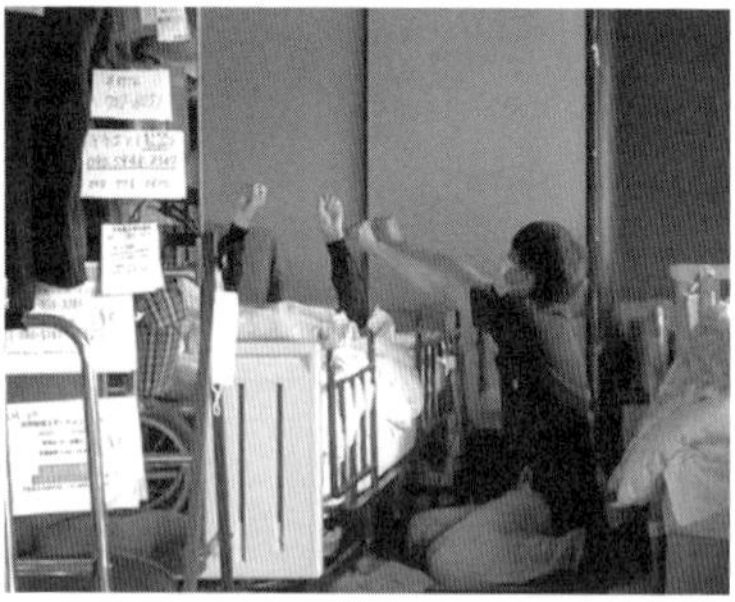

ヘルパーがグーを出すと父も

は共通のボディ・ランゲージを獲得したのだった。

父がなかなか起き上がることができないとき、ヘルパーは傍らで父が動きはじめるまで待っていた。父が「もうちょっと待って」というと、ヘルパーは「待っとるよ」と答えたものだった。父が起き出したとき、ヘルパーだけでなく娘のわたしも嬉しくなって、こんな会話が進行したこともあった。

ヘルパー　起きるよ
父　はあい

娘　　　　あっ、目を開けたね
父　　　　ふあぁい
ヘルパー　　手が動いた
ヘルパーと娘　(同時に)つぎは足だ
ヘルパー　　同じこと言う、ハッハッハッ

父の起床介助を何時にするか、というのは難問だった。朝、父は午前六時三〇分に目覚めてしまうので、午前八時の起床介助では遅すぎる。八時の代わりに、三十分早めて午前七時三〇分に来る

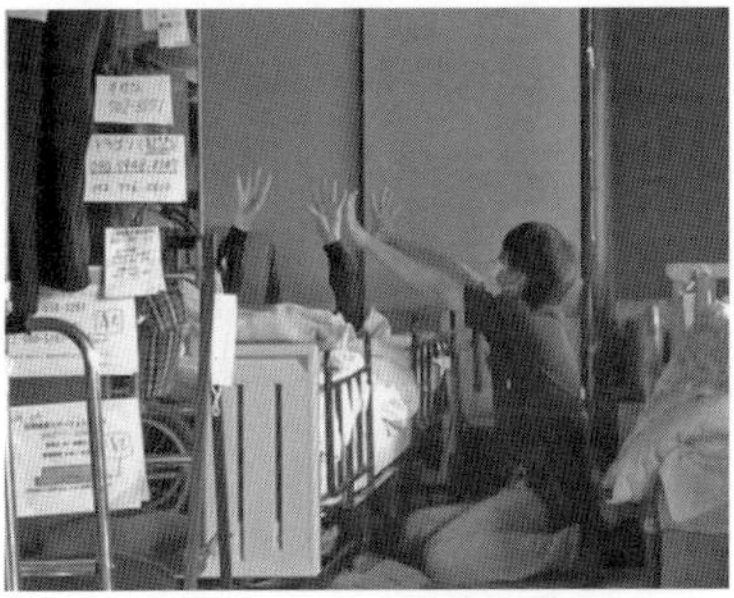

ヘルパーがパーを出すと父も

「待って」という父の傍で待つヘルパー

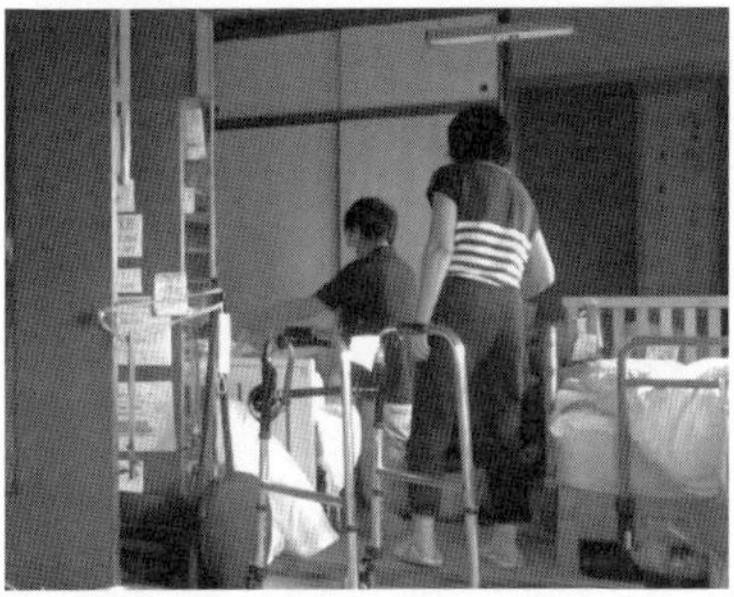

目を開けた、手が動いた、つぎは足だ

案が出され、さっそく実践することになった。午前七時三〇分の起床介助という新案を父は楽しみにしていたが、いよいよその日、午前六時台にいったん覚醒した父は、午前七時三〇分になるとふたたび眠りに陥ってしまい、声をかけても起き上がることはできなかった。そのときの会話は、こう進展している。

ヘルパー　おはようございます、朝でございますよ
父　ちょっと無理
ヘルパー　三十分じゃ意味にゃあか。それじゃ、ぼくもここで横になろうかあ

訪問を三〇分早めただけでは、起床の介助にあまり功を奏しないと認識したヘルパーは、名古屋弁交じりであきらめの言葉を発すると、父のベッドサイドでゴロッと寝転がるしぐさをしたのである。ユーモアたっぷりのボディ・ランゲージであった。

朝の訪問時間を三〇分早めた日は、父にとって新たな起床サイクルが確立される画期的な「記念日」になるはずだった。（じっさいはうまくいかなかったのだが。）その「記念日」という言葉がほんの一瞬、わたしの口から出たことをスーパーヘルパーは記憶していて、夜の介護のときにこう話しかけてきた。

朝、ヨウコさんが記念日って言ったけど、よくよく考えたらね、きょうで一カ月なんですよ。先月の十三日からだったから。そう、そういう記念日。二カ月目、突入です。

このヘルパーが所属する事業所のサービスが開始されたのは、その日から数えてちょうど一カ月前のことだった。一カ月前に契約が交わされるとき、「八枠目だったんですよ。……ちょうど受け入れられるかなって」、という会話が確かにあった。この事業所は二十年ほど前にホームヘルプ事業の起業にはじまり、老人ホームの開設を経て、最近新たに「定期巡回・随時対応型訪問介護」というサービスを始めたという。「まだ手探りの状態」と説明された。一日に五回(必要があれば六回でも七回でも)、父の世話をしに訪問することができるという。何回利用しても、料金は定額。早朝の着替えや、痰を吐き出す手助けだけでなく、トイレへ連れて行ってくれたり、大便を出すための浣腸を手伝ってくれたり、就寝のためベッドへ移乗させてくれたり、食器洗いや掃除や洗濯をしてくれたり……。きめ細かい介護が実践されていった。五人の正社員ヘルパーたちが、かわるがわるやって来て、父と顔馴染みになっていく。そして一カ月が無事に過ぎていったのだった。

スーパーヘルパーと親しくしていた父だったが、一回、彼の介護を受けることに躊躇したことがあった。同じ事業所の別のヘルパーのことも、父はたいへん大切に思っていたのだったが、ある朝、その別のヘルパーが帰るとき、父が昼寝から目覚めるころに「起こしに来るよ」と約束をしていった。そろそろ昼寝が終わり、起こすために約束のヘルパーが来るはず。ところが、来るはずだった人は来ず、代わりにスーパーヘルパーが来て父を起こそうとした。父はこのときばかりはスーパーヘルパーの介護を受けることをためらった。別の人に「申し訳ない」と言いながら。そうした父の心情をスーパーヘルパーはよく理解してくれた。

その子が来るって約束してくれたのに、ぼくが来ちゃったもんで、ぼくに起こされていいんだろうかって。その子に申し訳ないって。律儀だねぇ。

そして口癖の「いいよ、いいんだよ」「たいへんじゃない、だいじょうぶだよ」というフレーズで、父が別のヘルパーに対して「申し訳ない」と思っている気持ちを、なだめてやっていた。

スーパーヘルパーがいっしょのときには、父の頓智のきいた発言がしばしば見受けられた。父が苦しい呼吸をととのえて、落ちついたときのこと。「おちつく」という音から、どういうわけか「おきもの」が連想されて、唐突に「置物」が話題になったとき、不思議な会話の展開の末、最後にヘルパーが一連の会話の幕引きをすることがあった。

ヘルパー　落ちついた？　一息つきましょか
父　一息つきました。まだ、置物がございますようですから
ヘルパー　置物、ございませんと思います

父　ございませんか。それじゃ、たいへん無礼なことを申し上げました

ヘルパー　いいえ、とんでもないです

娘　置物？　ああ、置物あるよ

父　ある？　それだから、申し訳ないかもしれんけど、もうこれはお譲りいただいて……申し上げてご無礼とは思いましたが

娘　ぜんぜん無礼じゃないよ、よかったと思うよ。ではその置物のことは、もうおしまい

母　どういう置物？　あれじゃない？　あのガラスの……

（きまずい沈黙）

父　でたらめを言ったの

娘　ノブコがでたらめを言ったんだって

父　ノブコじゃない、キヨミだ

娘　キヨミがでたらめを言ったの？

ヘルパー　キヨミさん、いい人だね。今の話をまとめると結局は、そういうことだねえ。男ですねえ。感心しました。そういうことねえ。男にはわかる会話ですよね、これ

父　うん、ゴチャゴチャ

ヘルパー　ゴチャゴチャ。そういうことか、キヨミさん、すばらしい

娘のわたしは最初、父が混乱したため、ありもしない置物の話を始めたと思った。しかし、すぐに置物はじっさいに存在しており、父が陶器の置物に言及していることがわかった。しかし母の発言によってきまずい沈黙が流れたため、父はとっさに自分が「でたらめ」を言ったことにして、母を救った。それをヘルパーは瞬時に把握して、父の深い思いやりを賞賛したのだった。「男ですねえ」、と。父の心情を読み取ろうとするヘルパーの気配りも、賞賛に値する。

このスーパーヘルパーは、いちど円形脱毛症になったことがあったそうである。そのとき利用者を心配させまいとして、ユーモアいっぱいの気配りをしたことが知られている。彼はマジックペンを利用者にもたせて、自分の頭の禿げた数か所を黒く塗らせたという。

父にたいしても気配りがつねに見られた。彼が父の症状について気づいたことを、訪問看護師に伝えてほしい、という利用者家族の意見に賛同してくれて、さっそく訪問看護師宛てにメモを残しはじめた。情報を共有してくれたのである。そうした気配りは、嬉しいものだった。ただ、メモ書きが軌道にのったころ、このヘルパーならではのユーモラスなことが起こった。父が排便に苦労していることを伝えるため、「最後に排便があったのは金曜日」とメモ書きしようとしたのだが、それを「最終KOT〈金〉」と、「排便」を意味するドイツ語由来の介護用語「KOTコート」を使ったことで、訪問看護師からチクッとする発言をされた。「一生懸命覚えた言葉を、使いたがってるんだね」、と。わたしはスーパーヘルパーが十数年も前に研修を終えたことを知っていたため、覚えたての介護用語を使いたがる新人ヘルパーと見立てられたことに可笑しさを覚えて、本人に事の次第を伝えた。すると、スーパーヘルパーは瞬時にふつうの人に戻って、ムッとした表情で答えた。「なんなら、ひらがなで書きましょうか、うんちって。それとも、うんちの絵、描きますかぁ。」この反応は、わたしにはたいへん愉快であった。訪問看護師はもうひとつ発言をしていたのだが、それもスーパーヘルパーに伝えてみた——「金曜に大便を出したあと、何も出してないのって聞いてましたよ」。すると彼は、「出したよ、おならくらい。何、言ってるんですか」と、さらにムキになった。このあとも、彼はこの出来事を「コート戦争」と呼びながら、介護と看護の橋渡しをしてくれた。ただ、父の命はもうわずかであった。

父がモノにこだわるという一面は、スーパーヘルパーを相手にして初めて出てきたように思う。水や食べ物を飲みこむことが困難になりはじめた父は、口にふくんだ薬と水を吐き出してしまい、足元を濡らしたことがあった。靴下を濡らしてしまったことを気に病んだ父は、新しい靴下を買いに行きたいと言いはじめた。父が靴下へのこだわりを見せたのは、初めてのことであった。スーパーヘルパーが「代わりに行ってこようか？　キヨミさん、足痛いでしょ」と答えたため、父は彼に買物をお願いしてよいかどうか、わたしに尋ねた。

父　ヨーコちゃん、ヨーコちゃん
娘　はい、どうした？

父　靴下を届けてくださるって。買い出しなんかをお願いするのは……

娘　もちろん、いいよ

しかし、ヘルパーは洗濯済みの乾いた靴下を収納ボックスから持ってきて、巧みに父の足に履かせたうえで、新しい靴下を買う必要はないことを、父に納得させようとした。

父　それはどこのやつ？

ヘルパー　これはキヨミさんのやつ。洗濯終わって乾いたやつ

父　それは、それは

ヘルパー　ありがたや〜

おどけた「ありがたや〜」のひとことで、ヘルパーは父の靴下購入へのこだわりを一時的に断ち切った。しかし、昼ごはんのために食堂へ移動するのを介助している最中に、父がまだ靴下を買おうとしていることを知ると、そのこだわりにつき合った。

ヘルパー　（移動を介助しながら）じゃ、行きますか

父　先に靴下ね、買ってきたいのですが……

ヘルパー　靴下、いっぱいあるよ。替えの靴下はいっぱいあるから、濡れてもだいじょうぶ
父　　　　靴下は、ある……？
ヘルパー　買わんでも、だいじょうぶ
父　　　　それじゃ、お昼を先にします

父はこのヘルパーの言うことを、よく聞いた。わたしには一度しかやらせなかった髭剃りを、ヘルパーに何度もやらせていたし、わたしが差し出した薬をなかなか飲まなかったが、このヘルパーが試みるとすぐに飲みこんだ。

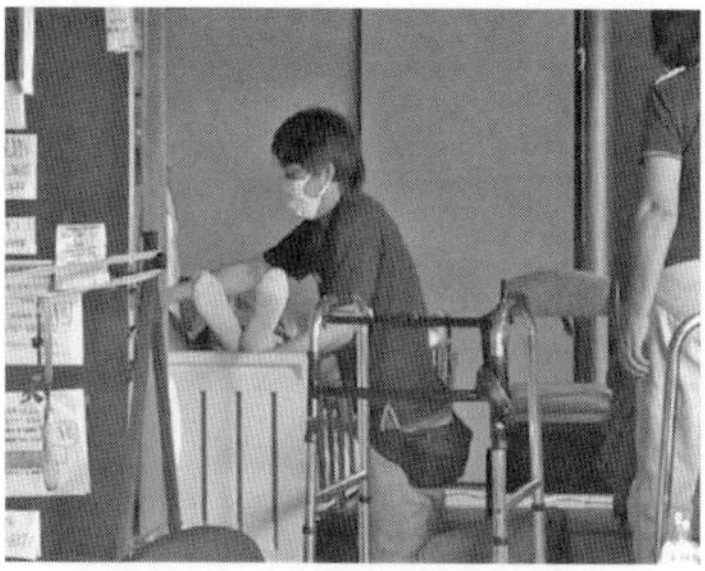

乾いた靴下を履かせたヘルパー

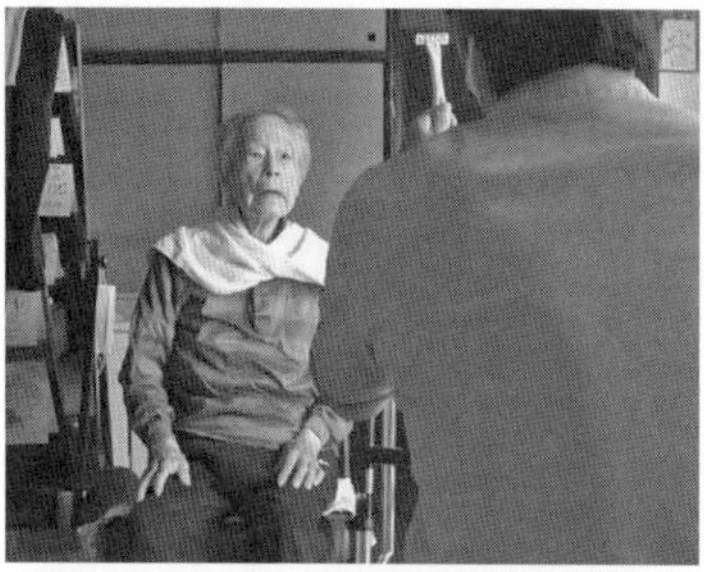

ヘルパーが髭を剃るよと合図

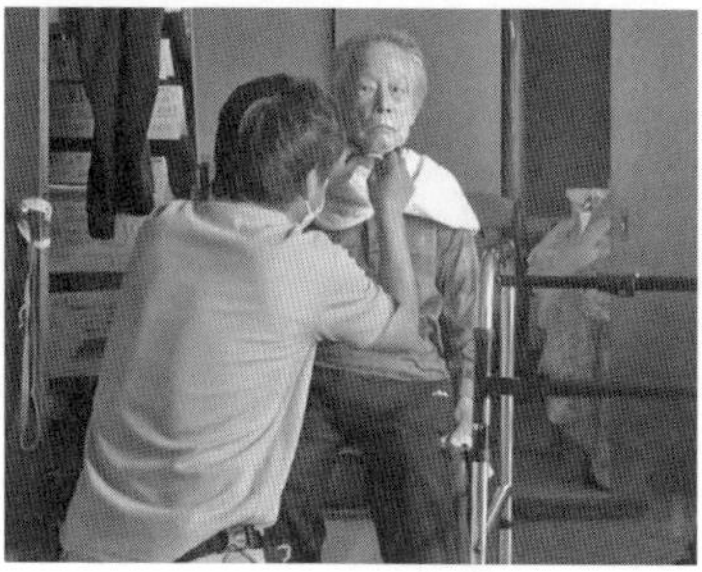

ヘルパーによる髭剃り

薬を飲ませるのに難儀する娘

ヘルパーがやると薬をすぐ飲みこんだ

歌の会議の参加メンバー

このヘルパーが父にいろいろな影響を与えたことは、たしかである。いちばん大きなものは、歌を歌わせることだったたと思う。父はこのヘルパーに出会う少し前から、歌をひとりで歌いはじめていた。父が歌いたがっている、と判断したスーパーヘルパーは、毎夕、「歌の会議」と称して父を歌の舞台に立たせる工夫をした。わたしも父が特定の七曲を好んで歌っていることを把握したため、それらの歌詞を印刷しておいた。父がとくに好きな歌は、「黒田節」「戦友」「荒城の月」の三曲であった。「戦友」は十四番まである長い歌(「ここはお国を何百里、離れて遠き満州の……」)であるが、父は全歌詞を暗記していて、いつも口ずさんでいたものを、ヘルパーが「歌の会議」に登場させたのだった。父は自分の死期が近いことを悟っていた(「わたしは死にます」と口に出していた)

ため、「戦友」の歌詞のなかで「死んだら骨を頼むぞと、言いかわしたる二人なか」という部分が、とくに心に響いたにちがいない。それら三曲に加えて「雪の降る街を」「海ゆかば」「愛染かつら」「われは海の子」の四曲も好きなのであった。

スーパーヘルパーは歌詞の紙の束を父に渡して、「それではキヨミさん、歌をお願いします」と促した。あるときは、黒田節をこんな具合に歌わせることに成功した。

ヘルパー　でもきょう、キヨミさんの歌、一回もぼく、聞いてないです。わがまま言って、いいですか。二番だけいっしょに歌ってもらってもいいですかね

娘　じゃ、歌ってあげる？

ヘルパー　ごめんなさい、なんかぼく、どうしても「想夫恋」って言いたいの。ぼくのわがままを、ね。じゃ、こっからいきますよ

父　み～ね～の嵐か～、ま～つ～風か～
訪ぬ～るひ～との琴の音か～
駒をひ～きと～め～立ち寄～れば～ああ～あ～
爪お～とた～かき～そ～ふれ～ん（想夫恋）

父が「黒田節」の二番を「想夫恋」まで歌い切ったとき、スーパーヘルパーはじつに嬉しそうに

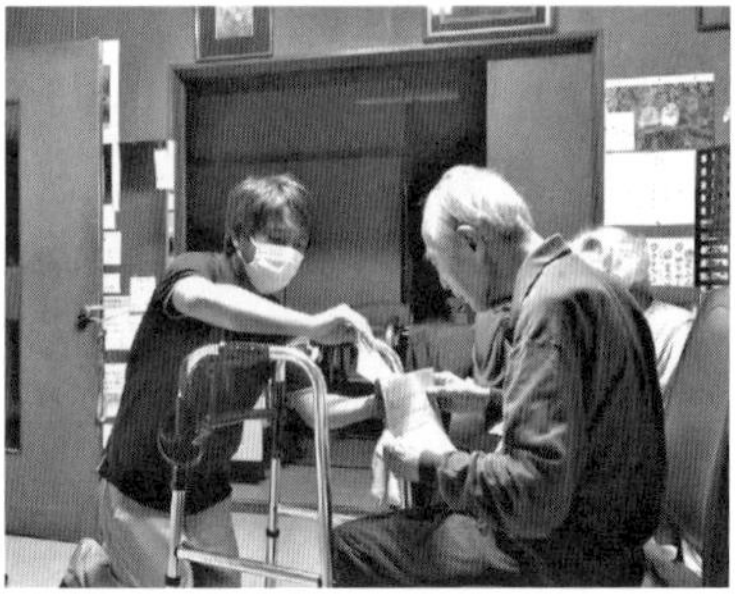

歌詞の紙束を父に渡すヘルパー

「黒田節」の２番だけ歌ってと頼むヘルパー

父が歌うと万歳するヘルパー

万歳のポーズをとった。

ヘルパーは父を励まして、歌わせる努力をしていた。父は一日ごとに声を出すのが辛くなっていったため、口を閉ざすこともあった。そうした父にヘルパーはいつもの「黒田節」の歌詞の紙束を渡しながら、誘いをかけた――「お酒の歌です。これ聞かんと、一日が終わらん。晩酌代わりに。」晩酌代わりに酒の歌を、とは気が利いた台詞である。父が「黒田節」の一番と三番を歌い終わると、「一番、すごい声出てた。びっくりした」と拍手で賞賛したものの、二番を抜かして三番へ進んでしまったことに不満だったらしく、「キヨミさん、抜かしすぎる」と頭をうなだれて、がっかりのポーズをとった。「ぼくに想夫恋を言わせないように、三番になっちゃった。想夫恋って言いたい」と「想夫恋」が歌詞に出てくる二番を歌うよう、促した。しかしこのとき、二番はどうしても歌われなかった。

会議はヘルパーが歌詞の紙の束を父に渡すことからはじまり、たいてい四曲ほど歌って「お疲れさまでした」というヘルパーの言葉で終了になった。父は声が出なくなるときまで、つねにこの「会議」のことを気にかけ、「つぎの会議はいつですか」とヘルパーに聞いていた。ときには「始めてもいいですか」と積極的に歌いはじめていた。

父はヘルパーの音頭がなければ、歌をうまく歌うことはできなかった。もちろん、断片をハミング調で歌うことは、スーパーヘルパーに出会う前からひとりでやっていたが、一番から三番まで全

1番が上手と拍手するヘルパー

2番が歌われず、がっかりしたポーズ

2番を歌うよう促すヘルパー

部を歌うとか、一番から十四番まで全部を歌うという骨折りは、ひとりではできなかった。スーパーヘルパーの音頭がぜひ必要だった。ときどき父は、母にリードしてくれるように頼んだが、母はとぼけた返事をするだけだった。たとえば――

父　かあちゃん、歌を歌いたいの
母　ちょっと待って、寒かったらいかんから
父　かあちゃん、かあちゃん
母　ちょっと待って。おやすみ
父　かあちゃん
母　寒いんじゃないか？
父　歌っていい？
母　暑い？　寒い？
父　寒くはない
母　じゃ、しばらく黙って寝よう

父は亡くなる十日ほど前から、激しく咳き込みはじめた。痰がからんだことはわかったが、わたしには喀痰吸引をうまく実行することができなかった。吸引するために細いチューブを父の喉に入

れようとすると、父は苦しがってそのチューブを噛んでしまい、力弱い抵抗を示したからである。ごめんねと言いながら、わたしは何もできず、父を見守る日々が続いた。それでも父は、弱々しい声で「がんばる……」と言い、「頭髪……頭髪……」と言った。髪を切ってほしい、という意味だった。清潔好きなので、髪がきちんと整っていないことが、死ぬ直前でも気になっていたのだろう。歌も一生懸命、歌おうとしていた。父はやせ細った手でスーパーヘルパーが差し出した歌詞の紙を握りしめた。それは「黒田節」だった。酸素発生器を取りつけたため、チューブが鼻に挿入されて口を動かすだけでも難儀であったが、父は途切れ途切れに「黒田節」の一番を歌った。スーパーヘルパーがこの歌を父に歌わせたかったのは、彼が父と出会ったころ、いつも父が口ずさんでいたの

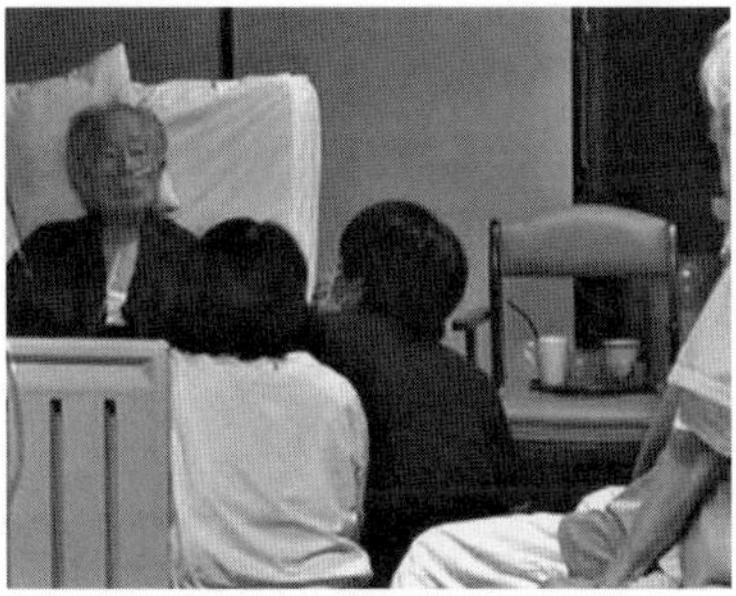

「がんばる」という父

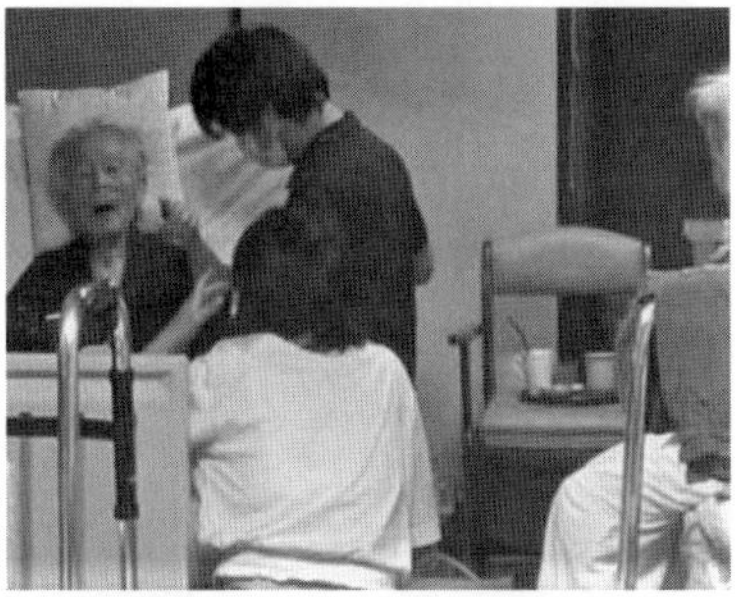

髪を切ってほしいと　訴える父

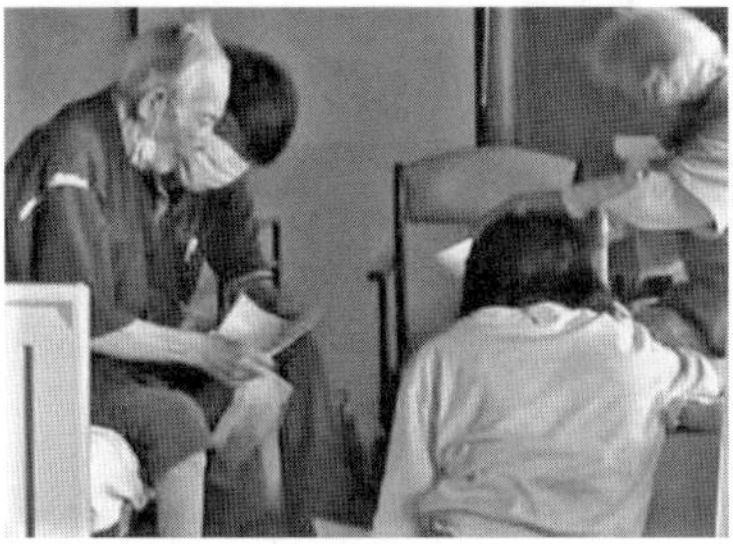

渡された歌詞を握りしめる

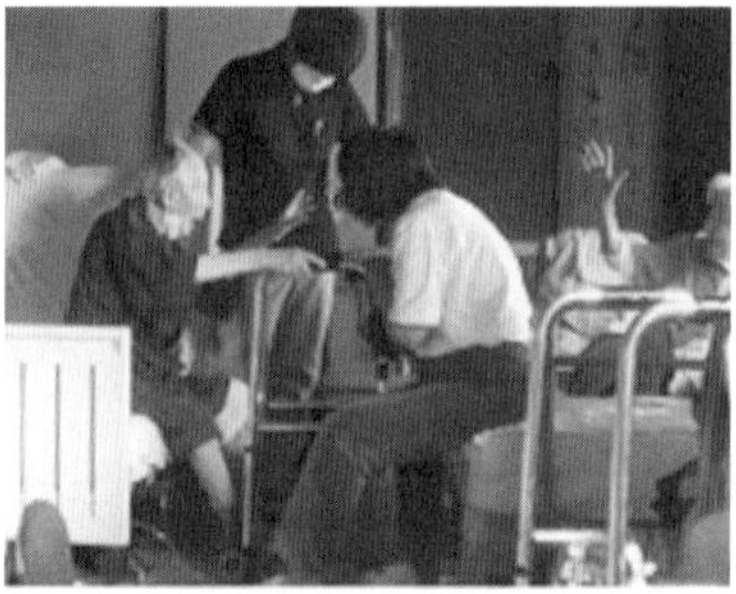

父と母が手を振って心を伝え合った

もう一度父と母が手を振り合う

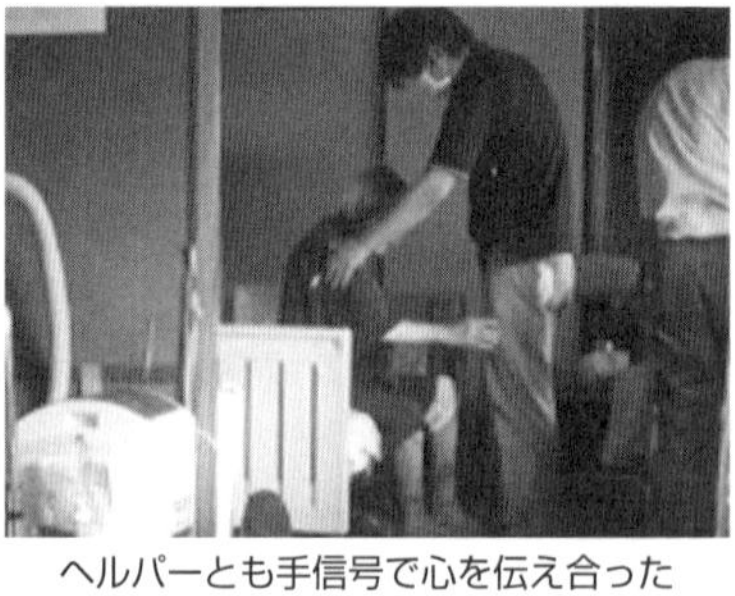

ヘルパーとも手信号で心を伝え合った

がこの「黒田節」だったからであろう。ヘルパーの心のなかで、父と「黒田節」は切り離せないものになっていたのであろう。父は手を振って母と合図を交わし、スーパーヘルパーとも一瞬であったが、手信号であいさつを交わした。

　手が動かなくなると、父は目で気持ちを表現するようになった。わたしが外出から戻って「帰ったよぉ」と声をかけると、目を大きく見開いた。周囲をもっと見ようとしてか、うす目を開けたままで過ごす時間が増えた。ただ、父の命の灯火は五日分しか残っていなかった。

註

（10）二〇二一年七月二十三日放映、『徹子の部屋　加藤茶&綾菜夫妻』（テレビ朝日）。

第九章　介護のゆくえとＡＩ（人工知能）

介護が終わるときは、かならず来る。介護されていた人が死ぬときである。父の死と同時に、これまでの介護サービスはすべて絶たれた。「介護とはそういうものですから」という言葉を聞き、なるほどと思った。しかし、父の場合、介護はたしかにその時点で終了したのであったが、その後、新たな人間関係のネットワークが展開されることになった。この章ではまず、㈠父の介護のゆくえを回想して、介護のありかたを考えたい。つぎに、㈡人手不足や低賃金の問題解決が望まれている広義の介護について、そのゆくえを予測したい。そのさい、ＡＩ（人工知能）の介護利用について、これまで使ってみたものや見聞したものを要約し、それらの利便性を記したい。

父が生きた最後の日。吸って吐いて、吸って吐いて、と弱々しく続いていた父の呼吸は、ついに吸ったままで止まった。疼痛のなかで、呼吸ができずに、苦しみながら死んだという叙述が、客観的に父の死にざまを表したものだろう。それにもかかわらず、その顔はたいへん穏やかで、この世を最後まで見ようと努力していたかのように、目を少し開けていた。

今からここに記述することは、父の死を境に介護はたしかに終わったのであるが、その死後に新たな人間関係が展開していったということである。利用者の死後にポジティヴなものを生み出す介護のありかたは、その利用者の人柄に起因する特殊な事例なのかもしれない。父はじつに温和な性格で、つねに謙遜の態度をつらぬいた。要職に就いていたときに指導力を発揮していたことや、愛知県の福祉事業に数百万円を寄付するような社会貢献を果たしたことや、叙勲受章者として宮中に赴いたことなど、過去の業績を語ることは一度もなかった。自分のことを、「わたしはただの老人です」と言うだけであった。その謙虚さと同時に、いちど自分と関わりをもった人をとても大切にするという愛着心を持ち合わせていた。つい一、二年ほど前まで年賀状を二〇〇枚も書いていたのは、「この人とは大切な思い出がある」といって、たとえそれが三十年前の思い出であっても、ずっと心に生かし続けていたからだ。入居した老人ホームの社長は、父のことを「優れた人格者であることは、これはもう言うまでもない」と敬意を表してくれた。この社長は介護施設の拡大プランを父に話したそうだが、施設の二号館を建設するための土地の地鎮祭のことを、父は自分のことのように嬉しそうに語っていた。自宅の近所の人たちは、父を頼りにしたり、慕ったりしていた。ある人は、「これほど心が清らかな人は、ほかにはいない」と、父に出会えたことを「一生の宝」と言ってくれた。べつの人は、赴任先から手紙をくれて、まもなく帰宅するので再会を楽しみにしている、というメッセージを記してくれた。父のかつての同僚は、「怒った顔を見たことがない」と言い、別の同僚は、「今も困難な問題が発生すると今泉さんのお顔が浮かびます」と父の指導力を鮮明に記憶していた。

そうした父だから、介護関係者とのつながりも大切にし、ヘルパーの一人ひとりに愛着をもっていた。わたしが「あのヘルパーは痛いことをするから、ほかの人に代わってもらおうか」と言っても、「いかん、それはいかん」と即座に答えて、その人にまた来てもらいたいと意思を表明したのであった。たとえ口をきけなくなるほど重篤な状態になっても、相手への愛情が父の全身から滲み出ていた。

訪問看護師として父の世話をしていた二人は、サービスが終了したあと、別々の機会に来訪してくれて、残された家族に父への思いを語ってくれた。この二人との付き合いは、十カ月ほどのあいだであった。「要介護二」だった父は、自分で風呂に入ることはできたが、背中を流してもらうだけでもヘルパーにお願いしようということになり、ケアマネージャーにその旨を伝えた。するとケアマネージャーから思わぬ提案がなされた。「訪問介護」で入浴はできるけれど、「訪問看護」のほうでもできる。「看護」がお勧めです、というのである。「入浴」に関して「介護」と「看護」を比較すると、何が根本的に違うのかがわからない。その点を尋ねてみると、大きな違いは入浴中に何かトラブルが発生したとき、「医療行為」ができるのが「看護」であり、「介護」のほうはできない、ということだとわかった。それなら体調を見ながら入浴させてくれる「看護」を利用してみてもいいという結論になり、訪問看護ステーションから二名の訪問看護師が来て、父を入浴させてくれるようになったのだった。

訪問看護師の二人は、最後まで父の入浴の世話をした。しかし、父の肺がん末期が露見したのちは、麻薬であるオキシコンチンを服用し、ときにはオキノームを頓服で服用して痛みを和らげる日々だったため、元気なときと同じように父を入浴させるのは、至難の技になった。肺がんは右脚の骨にまで転移し、激痛で歩きづらくなっていたし、呼吸も苦しくなっていたので、入浴は父にとって過酷だったのかもしれない。

ひとりの訪問看護師が、親身に父を世話してくれたからこそ、父の死後にこう打ち明けてくれた。「あのとき、無理に立たせて入浴させたのが、キヨミさんの体力を使い果たすことになってしまったかもしれない。死期を早めさせてしまったかもしれない。」このことはじつは、わたし自身が自分への戒めとして、何度も考えたことであった。あの日、わたしもいっしょになって、「がんばろう、歩こう、風呂へ入ろう」と父を励まし続けたのだった。父は何度も、「もう勘弁してください」と訴えていたのだが、わたしが「風呂へ入ろう」と呼びかけるので、とうとうがんばる気になったのだ。そして、その日は父が動いた、そして言葉を発した最後の日になってしまった。訪問看護師が指摘したように、体力を使い果たしてしまったのだろう。翌日から父は言葉も出なくなり、文字どおり寝たきりになってしまい、ついに死に至ったのだった。訪問看護師は「体調を悪化させたことを、悔やんで悔やんで」毎日を過ごしてきたという。それだけ痛みをいっしょに感じてくれていたのだ。

わたしが父の死期を早めさせたのは、無理な入浴によってだけではなかった。もうひとつ、どれほど後悔しても、しきれないことがあった。それはわたしが父の痰を吸引できず、父を呼吸困難に陥れ、死なせてしまったことだ。それに関して、訪問看護師のもうひとりが言葉をかけてくれた。そして、つぎのように話してくれたのだった。「夫のお父さんも同じ肺がんの末期で、最後はわたしが痰を引きました。」プロの看護師が喀痰吸引をやったなら、その義理のお父さんは救われたわけだ。わたしの父はシロウトのわたしに管を入れられ咽喉を痛くされただけで、痰を引いてもらえなかった。わたしは訪問看護師に言った――「最後、苦しがって、痰がつまって死んだんです。わたしがあのとき出来ていたら、あのときは死ななかった。痰がつかえて死んだんです。わたしが管を入れようとすると、拒絶反応、起こすんです。」すると、訪問看護師は「いっしょですよ、もうほんとにいっしょです、いっしょです。嫌がって嫌がって。でもゴロゴロ鳴ってるので取らざるをえないんです。」さらに、それでもどうしても痰が固まってしまって、二十年やってきたプロでもうまくできず、喀痰吸引には限度があるということを述べた。「肺がんは苦しいんですよ」とも。義理のお父さんも、亡くなるとき苦しがっていたそうである。同じ経験を共有することは、その経験がつらいものであればあるほど、心のケアにとって大切なのかもしれない。この訪問看護師はつぎのように結んだ――「よくがんばられたと思います。あんなギリギリまで、歩いたりとか歌を歌ったりとか。なかなかここまでできないです。ほんとによくがんばられました。」わたしは素直にそのとおりとは言えなかった。「そういうふうに思える日が来るといい……」とつぶやいたが、ほんとうにそう思える日が来るかどうかは、今はまだわからない。

しかし、そうした言葉をかけてくれる人がいたことで、父の介護のありかたは幸せなものだったと思えた。死とともに終了するのではなく、死を乗りこえていくための滋養を与えてくれる人間関係を得ることが、父の介護のゆくえと知ったからだ。

スーパーヘルパーも彼ならではの独特なやり方で、介護が終わった後の方向を示してくれた。凛々しい顔をして死の床に横たわる父に「キヨミさん、おはよう」「キヨミさん、いい顔しとるね」と声をかけて、いつものように父の傍らに座ってくれた。父と家族と介護提供者が無言のまま、しかし心はひとつになって長いあいだいっしょにいた。

そのあとスーパーヘルパーは、これまでで一番ていねいに、父の髭をそってくれた。そして「キヨミさん、あいかわらず男前だね」と話しかけてくれた。小さい声で「ありがとうございました」とつぶやく声も聞こえた。

父が言葉を発して伝えた「頭髪……頭髪……」という最後の願いをかなえるために、死の直後に散髪の準備をしたが、それもスーパーヘルパーは手伝ってくれた。月に一度は髪を切ってほしいという清潔好きな父のために、わたしは散髪係をつとめていた。「ここをもう少し」といって、耳にかかった髪をとくに切ってほしがっていた。「こういう髪型にしたかったよ、ありがとう」と喜ぶ声を、もっと聞きたかった。最後の散髪を何度もせがまれていたのに、できなかったことがとても悔やまれた。ぜいぜいと苦しがっている父に散髪用ケープを着けるのをためらっているうちに、そのままになってしまったのだった。今は苦しみの音を発することなく静かに横たわる父に、散髪の儀式をほどこすため、ベッドの頭部分の枠をスーパーヘルパーが取り外してくれた。もうひとりのヘルパーも駆けつけてくれていた。

ここでスーパーヘルパーは、父の訪問介護をする役割を終えた。彼が記入する「サービス実施記録」もこの時点で終了している。しかし、このあとに始まる新たな人間関係こそ、父が介護をつうじて残した遺産であり、介護のゆくえの理想的な形であろう。スーパーヘルパーは父の、そしてわたしのかけがえのない友になったのである。その友は所属事業所の社長や同僚の理解を得たうえで、人間としてやるべき行為を、父やわたしのために実践しはじめた。

父の傍らに座る娘（左）とヘルパー（右）

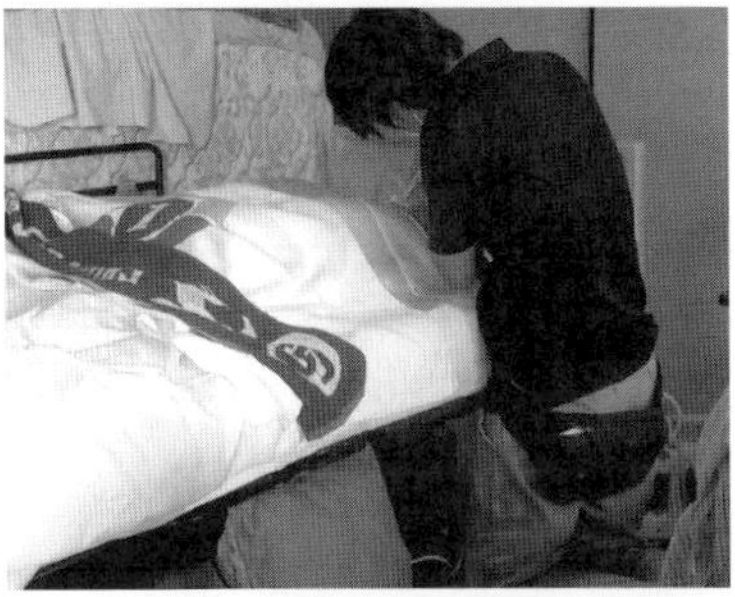
ヘルパーによる父の最後の髭剃り

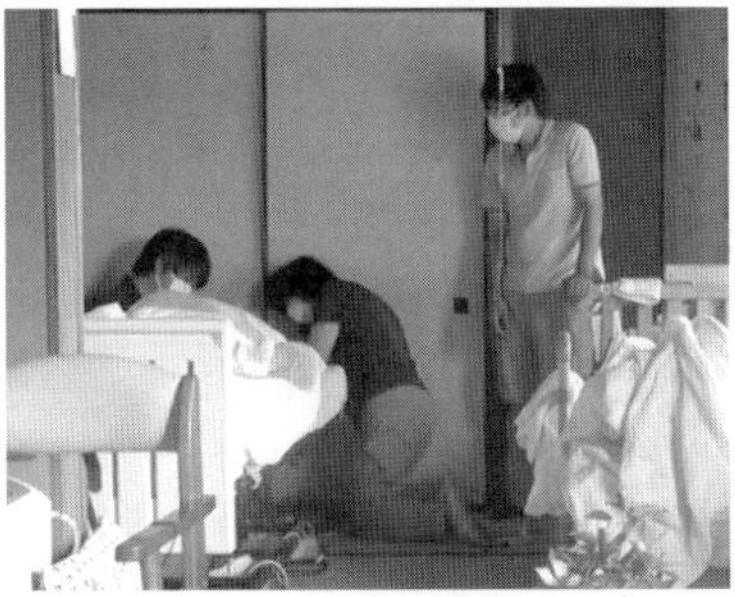
娘（中央）による父の最後の散髪

父が死んだ日、葬儀屋の人たちが来訪して、父を弔う手順の説明がなされた。それを友になったスーパーヘルパーは、時間のゆるすかぎり同席して聞いてくれた。その熱心さのオーラゆえ、葬儀屋の責任者はわたしに尋ねた――「今いらっしゃったあの方、旦那さんですか。」家族だけで執り行うつもりの葬儀に、この友が加ることは、じつは考えもしなかったが、彼から参列の申し入れがあったとき、素直に受け入れることができた。線香をあげることは、葬儀に参列することだと、すぐに理解できた。

ヘルパー　お線香、あげさせてもらってもいいですか
娘　(うなずいて)息子のように思ってたから
ヘルパー　ありがたいですね

偶然わかったことだが、父の葬儀のときに家族で唱和しようとしていた「般若心経」を、このスーパーヘルパーは小学校四年生の十歳のときから六、七年間唱え続けていたため、そらで言えるとのこと。彼は葬儀に社用車でやって来て、「社長から」と言って御霊前の袋をわたしに差し出した。この社長は包容力のある人で、スーパーヘルパーが父の介護に力を入れている様子を見て、「悔いが残らないように、思い切りやれ」と励ましたそうである。社長本人も介護経験があるため、ヘルパーたちの心に共感できるとのこと。そうした社長の気持ちを嬉しくいただいて、御霊前そのもの

は辞退した。

死に瀕した父に、わたしが「チッタナポリへ連れてってあげる」と約束していたのを、ヘルパーだったときに友は聞いていた。チッタナポリは父が購入した知多半島南端に建つリゾートマンションで、趣味の釣りをするために何度か愛車のウィンダムを運転して出かけていた。そこへ父はとても行きたがっていたが、自分で運転できなくなってからは一度も行く機会がなかった。無念であったろう。その南知多へ父を(父の骨の一部を)連れていって、散骨することをおぼろげに考えていたのだが、具体的なプランは何もなかった。それが実現したのは、父の死後に友が「ぜひ、行きましょう」と背中を押してくれて、日程に関しても「四十九日に当たる日、いいですね」と積極的に決

散骨の場所を探す友

散骨の場所を決定した友

散骨を終え、父に向って笑顔を

2 枚の写真の父は「変わってない」と友は言う

めてくれただけでなく、美しい新車で一日をかけて父を運んでくれたからだった。その日は平日だったが、会社から休暇を取ってくれた。現地に到着したあとも、師崎港から知多半島の海岸線に沿って車を走らせ、所々で車を止めて散骨に適した場所を探し、やがて内海海岸の一か所を選び定めた。火葬場の優れた技士が袋に収めてくれた粉状の父の骨は、この友が岬の先端まで運んでくれた。その岩場に腰を下ろして骨の粉を海へ流してくれたのも、この友だった。波間にきらきらと輝きながら、父の骨の粉は沖へと漂っていった。父と友が好んで歌っていた「戦友」の一節どおり、「死んだら骨を頼むぞと、言いかわしたる二人なか」が実行されたのであった。この友がヘルパーだったとき、「戦友」を歌った直後に「キヨミさん、ぼくの骨、頼みますね」と冗談っぽく言ったことがあった。ギクッとした一瞬であったが、二人は骨を頼み、頼まれる仲になり、知多半島南端において「二人なか」の関係が再確認されたのかもしれない。

　このような稀有な友が父の人生の最後に突如として現れたのは、不思議としか言いようがない。当人に向かって「不思議ですねえ」と言ったことがあった。そのとき彼は、「縁だと思いますよ」と返事した。そういえば「縁」というものを、父は大切にしていた。英語圏で教育を受けたわたしには、この「縁」という言葉は不可解で、「運命でもないし、いったい何なんだろう」と首をかしげる類のものだった。しかし今、その「縁」が父の人生の最期に重大な要素として浮上してきた以上、わたしもその「縁」を信じたいと思う。父はつねにわたしのことを「お父さんの分身だ」と言っていたが、分身としてのわたしは父の気持ちを受け継いで、「縁」で出現したこの友を大切に見守っていくことを父の骨の前で誓った。

居心地のいい場所に座る友

　友は仕事帰りに家へ立ち寄って、父に挨拶してくれることがある。「ここが居心地いい」といって父の遺影の前に座り、とりとめのない日常を共有してくれる。父が四十歳のときのモノクロ写真が遺影といっしょに飾られているが、それら二つの写真を見比べながら、こう言う――「キヨミさん、変わってないですね。」ときに友は「黒田節」と「戦友」を父のために歌ってくれる。彼が話しはじめると、いつもの穏やかな生活が戻ってくる。あるとき彼は尋ねた。「これって、前からここに置いてありました？」「ありましたよ。今まで気がつかなかったの？」父の骨のうち、座禅をしている仏の姿に見える骨（第二頸椎）は、小さなガラス箱に入れられて遺影の横に置かれている。その存在に、一カ月以上も気がつかなかったという。

　新たな信頼関係をはぐくむことができる介護の提供者と利用者。このような介護提供者の二号、三号が出現すれば、介護のゆくえは希望に満ちたものになるだろう。介護が人と人のつながりの上に成り立っている以上、それは言うまでもない。しかし、介護の提供者が不足するという事態は、人と人の絆を大切にするヘルパーが増えたとしても、解決されないだろう。

介護提供者の不足は、深刻な問題である。ここから広義の「介護のゆくえ」について、つまり日本社会が直面している「介護」の問題に対する解決策について、記述していきたい。

今後の介護には、ひとつの方策としてAI（人工知能）の活用が望まれている。それはすでに久しい以前から言われてきたことであったし、わたし自身、映像学と結びつく情報学を専門領域のひとつにしていたため、十年以上前に高齢者の見守り支援について構想をもっていたことがあった。AIの介護への導入は、介護提供者の労働を効率的に減らすことができ、人手不足を確実に緩和できる一案であると思う。

優れた見守り支援機器がつぎつぎに実用化されていって、今では介護施設でAI活用例として見かけるだけでなく、在宅介護をしている個人宅でも導入されている。施設では利用者の部屋にカメラを取りつけ、事務室でモニター画面を見るわけであるが、その画面に映る利用者の行動がノーマルな範囲を超えた場合、危険を知らせる警告が発せられる。そのため、介護提供者は付きっきりで利用者を見ている必要がなく、効率的な見守りができる。AIが人間の代わりに、利用者を二十四時間、見守ってくれるわけである。この見守りでひとつ問題があるとすれば、モニターされる利用者のプライバシーを侵害するかもしれないということ。しかし、生死を分ける重大な局面に立つ利用者が、生の世界へ連れ戻されるためには、個人のプライバシーはある程度、犠牲にならざるをえない。（モニターされる映像を「シルエット」にするという工夫をこらして、プライバシー問題を解決しようとする例もあるそうだが、使いやすさについては報告を聞いていない。）ＡＩ搭載の見守り支援機器を利用している介護施設のスタッフと話したところ、「転倒」などの危険が事前に予想できる利用者の部屋だけに作動させるそうであり、何かあればスタッフがすぐに駆けつけることができて、便利だそうである。

在宅と施設の区別を問わず、簡便に利用できるものとして、歩行が困難な利用者のための電動歩行器が挙げられる。電動といっても、ＡＩが搭載されていて、利用者の歩行能力に合わせて動きを助けてくれる。すでに実用化されているもので、わたしが試しに使ってみたものは、ＲＴワークス社の「ロボットアシストウォーカー」である。坂道を上るときには、引っ張ってもらっているような軽々とした動きで、逆に坂道を下るときは、転がっていかないような工夫がされている。平坦な場所を歩くときにも軽く動く。歩行終了時には、人間の声で「お疲れさまでした。きょうの歩行距離は○○キロメートル、消費カロリーは○○キロカロリーでした」と話しかけられて、じつに驚いた。歩行器にＡＩが搭載されると、これほど優れた機械（ロボット）に変身するのか、と感動が沸き起こった。

AI 搭載の歩行器なら坂道も軽々（母が試運転）

この「ロボットアシストウォーカー」は介護福祉用品を扱っている商会からレンタルでき、介護保険でまかなえるため、レンタル料金の自己負担割合の金額だけですむ。

同じように介護福祉用品としてレンタルできるもので、ＡＩ機能が搭載されたものに「ＡＩ機能搭載の床ずれ防止エアマットレス」がある。ＡＩ機能によって利用者の体重や体型を推測し、ベッドの上での動きを検知して、マットレス内部にある空気が入ったエアセルの圧力を自動で調整するため、床ずれが防止できるという。このＡＩ搭載のエアマットレスを父は福祉用具貸与の会社からレンタルして使ったが、たえずかすかな音がしてマットレスが動いている気配はあったものの、尻とかかとに褥瘡はできてしまった。

在宅における訪問介護の場合、介護提供者はたいてい紙とペンを使って手作業で「サービス実施記録」をつけている。これを電子的な形態へ代えることで、時間が短縮できる。具体的に言えば、ヘルパーの一人ひとりがスマートフォンを携帯し、訪問宅に置かれたＩＣ（集積回路）チップ付きディスクにかざしてログインし、そのスマートフォンにて介護記録をその場で（訪問宅で）入力するのである。このほうが紙に手書きで記入することより、ずっと少ない所要時間ですむ。この電子的に「サービス実施記録」を記入することは、じっさいに父が世話になった事業所のひとつが実践していた。ホームネット社が提供する「スマケア」（定期巡回・随時対応サービスの業務支援システム）がそれである。このスマケアはヘルパーたちにとって記録に要する時間短縮のほか、「利用者情報の共有」、「シフトの確認」、「実績に基づく賃金計算」、「ケアプラン作成」などが可能になり、事務的業務の多くが効率化されるそうである。ヘルパーにとって利点があるばかりでなく、介護を受ける側にとっても読みやすく、情報が的確に把握できるため、優れたシステムであると言える。

以上のAI活用例は、すでに実践されているものであり、わたしが直接見聞してきたものである。ほかにも実用化に向けて研究されている例は、いくつも知られている。たとえば、介護施設のなかを見回って歩くAI搭載の自立走行ロボット。わたしはこの介護ロボットをじっさいに見たことはないが、スタッフの見回り業務をAIが担うことで、その分スタッフは別の業務に専念できるため、利用価値は高いであろう。見回りというのは、施設内を巡回して標準から外れた行動(たとえば転倒など)をしそうな人を特定して、それを防止するために対応すること。また、食事や必需品を運ぶことなども、自立走行ロボットはこなせる。外食産業ではすでに自律走行型の配膳ロボットが利用されはじめ、客が注文した料理を運んでくれる。その配膳ロボットは簡単な言葉をしゃべり、かわいい外見のものもある。

利用者の体に直接触れて介護を支援するAIロボットも、今後の開発・改良が期待できる。実用化されている移乗介助ロボット「RIBA」は、利用者を抱っこしてベッドから車椅子へ移動させたり、逆の移動をさせたりする。ただ、父のように足や腰に疼痛がある利用者の場合、抱き上げられたら痛みがひどくなるため、安易にこのロボットを使うことはできないかもしれない。

AI搭載の装着するスーツは、利用者が身に着けるタイプであり、ロボットスーツ「HAL」がよく知られている。立ち座りや歩行に不自由を感じる人は、思うとおりの動きを支援してくれるこのスーツを装着して、リハビリを行うことができる。「HALを活用したリハビリテーション」を看板にするリハビリ施設は、いくつか存在する。

さらに、利用者の精神面を改善するセラピー用ロボットがある。アザラシの赤ちゃんの形をしたロボット「パロ」は、撫でたり、声をかけたりすると、体を動かして反応する。ただ、会話はできない。

いろいろな形態のAI搭載の介護装置が、今後も開発されていく。それによって介護提供者は労力の一部を負担してもらい、仕事を効率的に進めることができるだろう。

しかし、介護提供者はみながAI活用に「賛成」しているわけではない。アンケート調査を行ったところ、対象となった介護提供者のうちの三割が「反対」だったそうである。「介護ロボットを（中略）導入するお金があるなら人件費を増やせば」という意見があり、「人間だからできる介護じゃないですか！」という意見があり、「介護ロボットにはっきり言って人の命が救えますか？」という意見があった。(11)

人の命を救うことは、ロボットにはできないし、人間にもできない。介護は少しだけ利用者の不快さや痛みを取り除くことができるだけで、つまり利用者のしかめ面を笑顔に変えるだけで、良しとしなければならない仕事だろう。介護提供者の補佐役としてAIが活躍してくれれば、多くの仕事が省力化できて、介護提供者と利用者が精神的なつながりをもつ時間が生まれ、利用者の笑顔がもっと増えるかもしれない。父について老人ホームのスタッフが記したように、「笑顔をたくさん見せていただきました」という状態が最高であろう。

介護の人手不足を解決する方法として、ＡＩ活用は有効なはずである。もっとも、迅速で抜本的な給与の引き上げがかなえば、そのほうがもっと有効である。しかし、「看護師介護福祉士など収入三％程度引き上げへ　来年二月から」[12]といったレベルで議論されている現況にあって、給与がいっきに一・五倍や二倍に上昇することは望めないだろう。

註

（11）介護のお仕事研究所「約三割が『反対』、なぜ介護ロボット導入に賛否が分かれるのか」https://fukushi-job.jp/lab/archives/4712 二〇二一年九月三十日閲覧。

（12）NHK NEWS WEB 二〇二一年十一月十二日掲載記事 https://www3.nhk.or.jp/news/html/20211112/k10013345061000.html 二〇二一年十一月十二日閲覧。

第二部　介護の映画

介護が映画のなかに描かれるとき、もっとも頻繁に取り上げられる病気は「認知症」である。「がん」を大きく引き離し、トップである。がんを描く映画は、少ないわけではない。しかし、がんが発見されたり告知されたりしたあと、介護が描かれることは少なく、むしろ余命をどのように自分らしく生きるか、というテーマが進展することが多いのである。

がん映画の傑作なら、一九五二年に公開された黒澤明監督の『生きる』がある。胃がんのため余命数カ月の渡邊勘治(出演・志村喬)は、市役所の職員であったが、「遅くても、やればできる。ただ、やる気になれば」と最後の力を振り絞ることになる。毎年却下されていた公園整備の認可を取りつけ、五カ月で市民のために新公園を完成させ、死んでいったのである。介護は、いっさい出てこない。六十年以上経過した二〇一六年であっても、『湯を沸かすほどの熱い愛』(監督・中野量太)に登場する幸野双葉(出演・宮沢りえ)は、余命二、三カ月の末期がん告知を受けたあと、愛人の元に走っていた夫を連れ戻し、「どうしてもやらなきゃいけないこと」をやり遂げる。やはり、介護は出てこない。

がん映画に対して認知症映画には、まちがいなく介護が出現する。介護なしには、認知症患者は生活することができないからである。認知症を世界で初めてスクリーン上に描き出し、「認知症映画」というジャンルを確立させたのは、日本であった。そのジャンルの第一号は、一九七三年に公開された豊田四郎監督の『恍惚の人』。原作の有吉佐和子の小説『恍惚の人』(一九七二年)は、当時、大きな話題となった。痴呆を「恍惚」とよぶ感性はじつに衝撃的であり、「恍惚の人」という言葉は、一九七二年の流行語大賞に選ばれた。同年に選ばれたほかの流行語に、「日本列島改造論」があるように、日本はまだ経済的・社会的に高度成長をつづける余裕があった明るい時期である。その時期に有吉佐和子は、人生の暗い側面である認知症にいちはやく着眼し、どこにでもいそうな家族を設定して、身近な声で認知症を語ってみせた。それを映画化した豊田四郎監督も、「森繁久彌」という国民的人気俳優を「認知症患者」に起用することによって、認知症がけっして特殊な病気ではない、それどころかだれもが罹りうる身近な病気である、というメッセージを送ったのだった。

認知症の呼称には、ボケ、もうろく、痴呆症、アルツハイマー症など、さまざまな言葉が使われてきた。二〇〇四年に厚生労働省の用語検討会が「認知症」を標準語としたのであったが、「痴呆症」という言葉に馴れ親しんだ人々に配慮して、「認知症〈痴呆症〉」とわざわざ括弧をつけることもあった。一九九九年のドキュメンタリ映画『風流れるままに——アルツハイマー病の妻と生きる』(渡辺生撮影)に収録された介護制度の解説映像では、『老人痴呆症と介護』というタイトルになっていた。

日本映画史において『恍惚の人』がつくられた一九七〇年代は、激変の一九六〇年代を継承して、価値観の変換が作中に描き出された時期だった。一九六一年に設立され三十年間存続したATG(アート・シアター・ギルド)は、新たな価値観や美意識を反映した映画づくりのスポンサーとなっていた。「松竹ヌーヴェルヴァーグ」とよばれた新運動が起こったのもやはり一九六〇年代だったが、これはすぐに終焉して、監督たちはATGや独立プロダクションに活動の場を移した。社会における価値観の変換を表現するなかで、これまで見えなかったもの(インヴィジブル=invisibleと呼ばれるもの)を可視化させて、その意味を探求しようとする傾向が生まれた。認知症もその見えなかったもののひとつであり、有吉佐和子と豊田四郎によって可視化されたものであった。

本書では介護映画を考察するさい、認知症映画というジャンルに限定し、そこに描かれた「介護」を分析したい。患者と介護者の関係を明らかにしつつ、介護をめぐる家族像の変化を鮮明に浮かび上がらせることが目的である。さらに、家族像の変化だけでなく、介護制度が辿る変化も、映画のなかに検出していきたい。具体的に言えば、本書の第一部で考察した介護の「現状」のひとつひとつが、映画のなかでどのように「描かれているか」、あるいは「描かれていないか」を検証し、現状と映画との共通性や相違性を明らかにしていくのである。

第一章　ヘルパーを利用しない――一九七〇年代

＊『恍惚の人』

介護映画の第一号、それは『恍惚の人』（一九七三年、豊田四郎監督）である。ただし、この映画には、介護の中核といってよい訪問介護（ホームヘルプサービス）は、まったく出てこない。訪問介護は「家庭奉仕員派遣」と呼ばれていたが、一九六二年に創設され、翌一九六三年に成立した「老人福祉法」により法制化までされたにもかかわらず、『恍惚の人』においては影すら感じられない。なぜだろうか。訪問介護が知られていなかったわけではない。一九六六年にはすでに朝日新聞に、「ヘルパー」がたいへんな人気で、どこでも「引っぱりだこ」であるという記事が載っている。

いま、全国二十一都道府県で二百十五ヶ所の会社や官公庁で、約五百人のヘルパーが月給二〜三万円で採用され、一日二百円から五百円という格安の利用料金（全額会社負担の場合もある）で派遣されている。ヘルパーの身分は、ほとんど厚生課などの社員、職員または嘱託職員で、どこでも安い料金が魅力となって引っぱりだこ。(13)

映画『恍惚の人』で、介護を一手に引き受けるのは、嫁である。嫁の昭子は、ただひたすら介護に明け暮れる。社会の変化に敏感な原作者の有吉佐和子も、監督の豊田四郎も、社会のなかで人気上昇中のヘルパーの存在を知っていたとしても、小説や映画に登場させる必要がない正当な理由があったのである。それは根強い日本人の「嫁依存」の思考である。結婚したら、家のなかのことは嫁がやる。老夫婦が同居していたら、彼らの世話は嫁がやる。そうした嫁依存の思考は、二〇一〇年代になっても介護映画に見られる。二〇一三年に公開された『ペコロスの母に会いに行く』のなかで六十歳代の男二人が、親を施設に入れることについて、意見を言い合うシーンがある。

男一　何、それ？
男二　介護施設のパンフたい
男一　預けると？
男二　うん
男一　はあ、そなことするったい
男二　なん、その言いかた

男一　親ば捨てるよな、おら、よしきらん

男二　そっちは、かみさんのおるけん、よかあ。おいは、かあちゃんのボケの進行しとっけん、下の世話も、食事の世話もせんといかんとばい、かあちゃんば、ほんまもんの状態にしたらさ、家を出ての事故もある、火ばつこうての火事もあっとさ

男二はこの映画の主人公、雄一(出演・岩松了)で、離婚したため嫁はいない。嫁がいる友人が「親ば捨てる」ことで雄一を非難すると、「そっちは、かみさんのおるけん、よかあ」と反論する。嫁がいれば、自宅で介護できるが、嫁がいない自分には無理、というのである。親の介護は「嫁依存」で成り立つという考えが、ここに当たり前のように見られるのである。

映画『恍惚の人』のなかにも、そうした「嫁依存」が浸透している。嫁が最初、いやいやながら舅を介護しているが、そのスタート時点から、やがて舅を慈しみ、心から世話するようになるまでのあいだ、嫁がつねに介護するのである。訪問介護が入り込む隙がないほど、嫁自身がヘルパーに徹しているところが、この映画の見せどころといえる。訪問介護が介入しては、まずいのである。

嫁と舅の関係の変化は、小説より映画のほうが大きい。小説も映画も、最初に嫁が突き放したように舅を観察するところは同じであるが、映画ではその嫁が大きく変化するのである。まず、小説と映画において、舅を冷静に観察する嫁の姿を確認してみよう。

「恍惚の人」になったのは、八十四歳の老人、立花茂造。彼の一挙手一投足が、嫁の昭子によっ

て観察されていく。うどんのエピソードでは、痴呆になった茂造のもとへ、数日前から隣家のお婆ちゃんがせっせと通ってきていることが述べられる。

小説ではうどんのエピソードは、つぎのように叙述されている。昭子が二人分のうどんを運ぶところである。

それにしても、あれほど呆けてる茂造でも魅力のある男に見える女がいたというのか。盆に二人前のうどんをのせて、スープの冷めない距離かと改めて思いながら運んで行くと、部屋の中にはお婆ちゃんが火鉢に手をかざしていて、茂造の姿が見えない。

「あら、お爺ちゃんは」

驚いて訊くと、老婆はにこにこしながら、

「お手洗いなんですよ。ちょっと待ってて下さいよ」

と、更に驚いたことに便所の前まで立って行き、

「立花さん、すみましたか。昭子さんがおうどんを持ってきてくれましたよ、立花さん」

声をかけるどころか、言い終わると扉に手をかけて開けてしまったから、昭子は盆を持ったまま立ちすくんだ。茂造が奥で尻餅をついているらしい。

「また腰が抜けたんですか、立花さん。おうどんですよ。さあ、起きましょう。はい、起きられますか、いいですね」

昭子は自分が行って助けるべきかどうか次第に分からなくなり、便所の見えないところに坐って、二人がもつれあうようにして出てくるまで待った。どうやらお婆ちゃんは拭くところまで世話をした様子である。

「まあ昭子さん、お待ち遠さま。ほら立花さん、おうどんですよ[14]」

老いらくの恋のような関係を、冷ややかに見つめる小説の昭子。

映画では、昭子(出演・高峰秀子)のそうした観察眼よりも、老いた男女の激しい喧嘩に焦点が当てられる。茂造(出演・森繁久彌)、隣家の老女(出演・浦辺粂子)、昭子の三人は、ロングショットでフレームにおさめられているが、お婆ちゃんは明らかに茂造の近くへにじり寄っていることがわかる(①)。彼女は彼に言う——「ねえ、年寄りは年寄りどうし、仲良くしましょうよ、ねえ、お爺ちゃん」。

ところが、茂造は露骨に「婆さん」を「嫌い」と言い、彼女を拒絶する。

昭子さん、わたしゃ、婆さんは嫌いです。話が古いし、だいいち婆さんは臭いからいやです。帰ってもらってください。

老女は「えっ」と驚いて、茂造からわずかばかり身を離し、こう言い返す。

何をおっしゃるんですか、立花さん。よくまあ、そんなことがわたしに言えますねえ。臭いのはそっちですよ。あなたのお口の匂いはね、溝さらいのときのような悪臭ですよ。

そして茂造のことを「ボケてんですよ」と指摘する。そのときの彼女の不快感いっぱいの顔はクローズアップになる②。

彼女のクローズアップに対抗するかのように、つぎに茂造のクローズアップが出る③。茂造がうどんを二、三本口に入れているのであるが、そこではユニークな構図が見られる。茂造がフレームの左側に片寄っていて、右側の空間はぽっかりと空いているのである。ふつうは、クローズアップの人物はフレームの中央に配置される。茂造のクローズアップにおいて、左側への片寄りは、何を意味するだろうか。

「右側」は、老女の側である。老女は茂造と仲よく、くっ付きあって坐りたかったはずである。彼女は①では茂造寄りに坐っているが、もっと彼のほうに寄りたかったはずである。しかし、茂造は彼女を拒絶した。ぽっかりあいた空間は、拒否された老女の空間であろう。老女はそこに入ることができなかったため、ぽっかりと空いたままにされたのであろう。

恋しい男からきっぱりと拒絶され、猛烈に反撃に出る老女は、おもしろいことに一瞬、茂造の右側のぽっかり空いた空間に闖入してくる(④)。そして怒りにふるえながら、「帰りゃいいんでしょ。帰りゃ!」と怒鳴っている。ほんとうなら、仲よくフレームにおさまりたかった彼女は、敵対する者としてフレームに配置されたのである。二人のあいだには、境界線(ふすまの枠)までがくっきりと引かれ、敵対関係が強調される。

二人の老人は、さらに掴みあいの喧嘩までやるが、最後に老女は「クソじじい、もうろくじじい」と叫びながら、去っていく。忘れがたく迫力ある喧嘩のシーンである。このシーンの魅力は、森繁久彌という名優の演技力によるものであるし、森繁の演技を際立たせた浦辺粂子の力量による

①
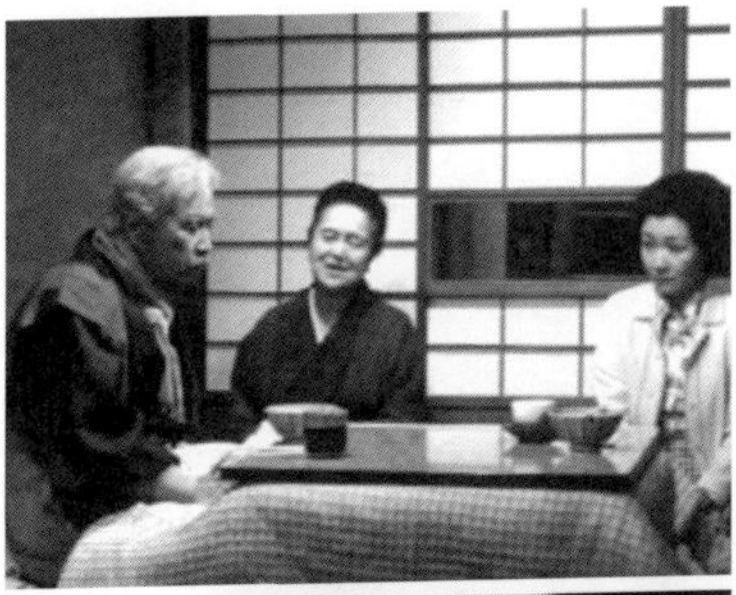
②

③

④

『恍惚の人』

ものである。浦辺の演技は悔しさいっぱいのキャラクターを映画のなかに巧みに作り上げているが、この喧嘩のシーンは有吉小説には存在していない。

やがて映画『恍惚の人』は、小説にはない舅と嫁の理想的な介護関係を描くようになる。ターニングポイントになったのは雨の散歩シーンである。

じつは小説にも、雨のなかを歩く茂造と昭子が短く描かれていて、泰山木の大輪の花々を見るため茂造が足を止め、昭子が「この美しさに足を止めるところをみると茂造には美醜の感覚は失われていないのだと思った[15]」と述べている。小説では、それだけだ。

ところが映画では、このシーンは時間をかけて描き出され、茂造の美意識が健常者よりも鋭敏であることが、明らかにされる。それればかりではない。昭子の茂造にたいする態度が、このシーンにおいて大きく変化するのである。厄介者だった茂造が、尊敬でき、介護したい人へと変わるのである。

まず、道を歩いてゆく昭子と茂造が映される。茂造の散歩に付き合っている昭子だが、茂造におかまいなく先にすたすたと歩いている。雨が降っているため、二人とも傘をさしているが、昭子の傘のあとを、茂造の傘がよたよたとついていく(⑤-⑥)。そこへ突如として、大輪の白い花の群れ(⑦)。足を止めて花々を見つめる茂造のクロースアップ(⑧)。やがて、花の群れを見つめる茂造の斜め後ろに昭子がそっと近寄って、愛おしげに彼を見つめながら傘を差し出してやるショットが出る(⑨)。このときから、⑤や⑥に見られたような茂造の先をすたすた歩く昭子はいなくなり、茂造と並んで歩く昭子の姿が見られるようになる。彼らがカメラに近づくにつれて、仲よく一本の傘をさしていることまで明らかになる(⑩)。べつの傘は、昭子の手に握られている。茂造の純粋で鋭敏な美意識に、昭子は感動したのである。無言のまま、茂造を受け入れて、いっしょに歩む覚悟ができたのである。

この嫁が認知症老人の介護を最後まで在宅でやり遂げようと決心したため、ヘルパーは映画に登場する余地がない。彼女がヘルパーになり切っているのである。小説の字句を借りれば、「昭子は茂造の保護者として、それをする責任があると思われた[16]」のである。いや、映画の昭子は、責任感

⑤

⑥

⑦

⑧

『恍惚の人』

⑨

⑩

『恍惚の人』

からというよりも、今では慈しむ対象となった茂造を心から介護したがっているのである。

それでも昼間に働いている昭子は、自分が在宅できない昼の時間帯だけ、舅を世話してくれる人を見つけた。ヘルパーを雇ったのではなく、学生のカップルに離れの部屋を貸し、謝金を支払って舅の介護を頼んだのである。学生のカップルが引っ越してきた日、舅は昭子に尋ねる。

舅　あの人たち、何ですか

昭子　学生さんのご夫婦ですよ。おじいちゃんの昼間のお世話をしていただく約束。離れ、貸したんですよ。仲良くしてくださいね

謝金は一万円という。正規のヘルパーの料金が一日二～五百円だった時代に、一万円とはかなり高額である。学生のカップルもそれは認識していて、舅を散歩に連れ出したり、おむつを替えたり、見守りをしたりしている。

女学生　きょう、おしめ、取り替えてあげたわよ
昭子　まあ、すみません
女学生　だって、あんまり臭いんだもん
昭子　申し訳ないわぁ、そんなことまでさせちゃって
男学生　おじいちゃんの預り賃一万円だからね。それくらいのサービス、しなくっちゃ

⑪

⑫

『恍惚の人』

学生のカップルはヘルパーの代用として機能しているわけではない。たしかに、おしめは取り替えたが、ほとんどの場合、自分たちの気の向くままに舅を引き回しているのである。舅を座らせておいて自分たちは抱き合い、セックスするところを舅にながめさせている（⑪-⑫）。二人はヘルパーとしての心構えもスキルも有していない。

在宅介護の主役は昭子であり、昭子こそヘルパーである。その昭子は一度だけ、老人ホ

ームを口にしている。老人ホームは一九六三年に制定された老人福祉法によって体系化されていて、映画が公開された一九七〇年代には広く知られていた。昭子は「わたし、おじいちゃんを施設の老人ホームへ入れちゃおうと思って、福祉事務所の人に相談したこともあるのよ。冷たい女よ」と夫に語っている。老人ホームへ親を入居させることは、「冷たい女」のすることと考えられていて、二〇一三年の『ペコロスの母に会いに行く』のなかでも同様に、「親ば捨てる」行為と考えられている。老人ホームへの入居は残酷なのであり、「在宅で嫁が介護」することが理想なのである。

夫が「親父はおまえに感謝してるよ」とコメントしているとおり、昭子は理想的な嫁であり、ヘルパーであり続けた。老人ホームを否定して、「嫁依存」の在宅介護をやり遂げたのである。

昭子のように認知症老人の介護を引き受ける嫁など、現代には存在しない、という批評がある。昭子の息子で高校生の敏(出演・市川泉)は、積極的に茂造の送り迎えをし、食べ物を与えてやっているが、そのような高校生も現代には存在しない、という。こうした批評は、正当とは言えないだろう。どの時代にも、介護を引き受ける嫁もいれば、引き受けない嫁もいる。介護に協力する高校生もいれば、協力しない高校生もいる。介護する嫁と協力する高校生を選んだのが、『恍惚の人』なのである。

註

(13)『朝日新聞』一九六六年十月十六日、第一四面「三年間で五〇〇〇人に労働省一〇倍に増員計画」。中嶌洋「家庭奉仕員制度創設と女性のキャリア形成――一九六〇年代の事業内ホームヘルプ制度及び東京都老人家庭奉仕員制度を中心事例として」に引用された新聞記事。https://core.ac.uk/download/pdf/233917182.pdf　二〇二一年十月二十六日閲覧。
(14) 有吉佐和子、『恍惚の人』(「新潮社文庫」、東京、新潮社、一九七二年)、一七四-一七五頁。
(15) 同右、三三四頁。
(16) 同右、一七五頁。

第二章　自宅へ連れ戻し介護する――一九八〇年代(1)

＊『花いちもんめ。』

一九八五年の『花いちもんめ。』(監督・伊藤俊也)にも、『恍惚の人』の場合と同じく、認知症の舅の介護を引き受ける嫁が登場する。嫁依存の介護が、この映画でも濃厚に見られる。さらに、嫁が消極的に介護する存在から、進んで舅の世話をする真の介護者へ変化するところも、『恍惚の人』とそっくりなのである。

映画は嫁、桂子(出演・十朱幸代)を中心に展開している。「夫の不倫」、「夫の単身赴任」(不倫をするため)、「自分のアルコール中毒」と、さまざまな問題が、彼女を押しつぶしている。そこへ「認知症の舅の介護」が加わる。一九八〇年代の日本社会が抱えていた問題が、この映画には出揃っている、と評判になったことが理解できよう。

嫁は最初、いやいやながら舅の鷹野冬吉(出演・千秋実)に接していた。夫の不倫もあり、自暴自棄になってアル中の毎日を送っていた。ただし映画の前半では、そうした桂子の荒れた生活と同じくらい、認知症になりはじめたことを自覚する冬吉の苦しい心情にも比重がおかれている。冬吉が苦しさを吐露するシーンは、何度か出てくる。その冬吉を演じた千秋実は、真に迫った演技が高く評価されて、日本アカデミー賞、報知映画賞、毎日映画コンクールにおいて、最優秀主演男優賞を受賞したほどだ。

冬吉は孫を連れて、かつて遺跡を発掘した洞窟へ向かう。二人にとって楽しい遠足のはずだった。洞窟へ到着すると、孫は感動して言う――「すごおい。おじいちゃんが指揮して、この洞穴、調査したんかあ」。その孫の言葉で、冬吉の抑制されていた激情が、爆発する。前日、彼は資料館長から勇退勧告を受けて、辞表を出させられたばかりなのだ。その悔しさが、この洞窟で爆発するのである。

すべて、このわたしが、やった。ここだけじゃない。すべて、わたしの……わたしの功績なんだ。そのわたしを……そのわたしにたいして、えっ、勇退してくれだと。首じゃないか。いっそのこと、はっきり首といったら、どうなんだ。手がしびれて貴重な壺を割った。論文ひとつ、書けなくなった。もうろくしたから、首にしたんだ。このわたしを、このわたしをおぉ。

この迫力ある独白のあいだ、冬吉は正装して、直立不動の姿勢をたもつ（①）。しかし、彼はついに耐えきれないように、ガバッと一八〇度、向きをかえる。この動きは、突如として観客の空間認識を乱し、観客は根底からゆさぶられた感覚をもつ。冬吉の心の動乱を伝えるのに適した手法である。冬吉の激情は、このとき初めて吐露される。前日に勇退勧告を受けたのだが、そのときは冷静に受けとめ、日記に「勇退勧告を受く。無念なり」と、短い一文を記しただけだったのに、洞窟のなかで一八〇度向きをかえたとき、冬吉は激変する。顔を真っ赤にして、ネクタイをむしり取る（②）。

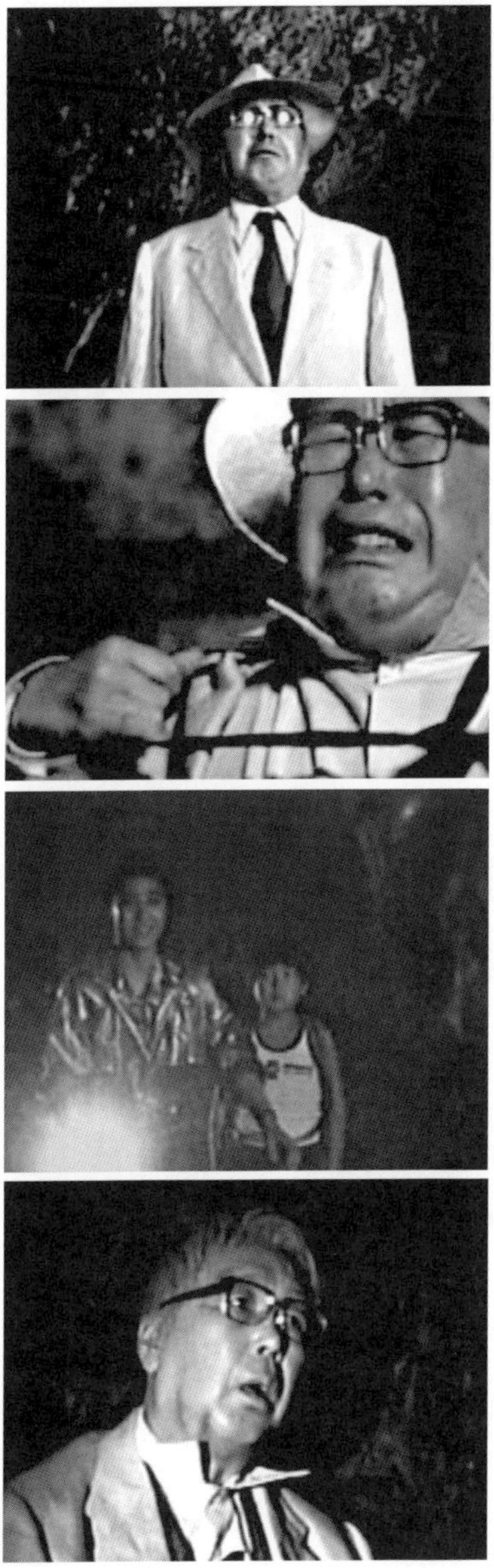

① ② ③ ④

『花いちもんめ。』

やがて心配して捜しまわっていた桂子が、懐中電灯をもって到着すると③、その光で照らし出された冬吉は、風貌まで変わり、崩れた老人になっていた④。

このあとに総合病院のシーンが続く⑤。病院で認知症の診断がくだされるシーンは、一九八〇年代以降の認知症映画では、かならずといっていいほど、登場するようになる。医師（出演・神山繁）は付き添いの桂子にだけ、診断名を知らせるつもりだった。しかし、医師が桂子に話している言葉を、間仕切りの向こう側に立っていた冬吉は、偶然にも漏れ聞いてしまう⑥。

桂子　アルツハイマー型ですか

医師　アルツハイマー型老年痴呆、たんに老年痴呆とも言いますが。ちょっとごらんください。ＣＴスキャンで脳がこんなに委縮しているのが、わかります

桂子　治るんですか、治らないんですか

医師　はっきり申しますと、アルツハイマー型は治りません。現在の医学では、まだ原因もつかめていないんです。まあ特徴として、一貫して進行性の経過をたどります。つまり、かぎりなくボケが進行して、死にいたるということです

病院を出たあと、冬吉はいっときだけ冷静な姿に戻る⑦。その冷静さのなかで、彼は嫁の桂子にこう告げる。たいへん重要な言葉であり、のちの桂子の言動を変えるようになる言葉である。

治雄の浮気にきみが苦しんでいたときも、わたしは自分の世界に閉じこもったまま、優しい言葉ひとつ、かけてやれなかった。すまないと思っています。

長年苦しんできた夫の浮気に、舅が同情してくれていたことを、桂子はこのとき知る。そして今、舅が目の前で謝ってくれている。彼の言葉に佳子は涙する(⑧)。やがて認知症がすすんでしまった冬吉を、家に引き取って介護したい、と桂子が言い出す背景には、彼のこのときの温かい言葉があ

⑤

⑥

⑦

⑧

『花いちもんめ。』

ったのだ。

一九七〇年代の映画から続く「嫁依存」の介護しか方法が見つからないものの、舅が「すまないと思っています」と言葉をかけてくれたターニングポイント以降、桂子は彼の介護をじつに熱心に行うようになる。介護こそが、自分の人生のすべてであるかのように。「嫁依存」の在宅介護が、理想的な形へと展開していくプロセスが、『恍惚の人』の場合と同様、『花いちもんめ。』でも見られる。

しかし、この一九八〇年代の映画では、そこで介護問題が解決するのではなく、さらに解決すべき問題が出てくる。舅の介護が順調にいっていたにもかかわらず、舅の妻が心臓発作で急死したため、嫁のせいで死んだと言わんばかりに、家族・親族の嫁への非難が最高潮になるのである。舅が感謝の気持ちから桂子に軽くキスしたことがあったが、それが原因で母が心臓発作を起こしたと信じる小姑は、「桂子さんとは親戚としてのお付き合い、二度とお断りですけん」と言い渡す。夫の治雄(出演・西郷輝彦)は「おれへの当てつけか、浮気したおれへの当てつけにボケた親父にキスしてみせたのか」、と棘のある言葉を投げつける。ここで嫁がどのような態度を取るかが、その後の一家の運命を決めていく。この嫁は離婚へ走ることなく、アルコールに依存することもなく、舅の介護を続ける。すると彼女のこの態度によって、家族に変化が訪れる。まず、彼女自身、介護に忙殺されてアルコールを飲む暇がなくなり、いつのまにか夫の不倫が原因のアルコール依存症から立ち直る。アル中の母を疎んじていた二人の子どもたちは、彼女を尊敬するようになり、母の強い味方になる。夫も不倫相手に別れ話を切り出しはじめる。
　このまま在宅介護が継続できれば、問題は解決したといえる。しかし、包丁事件がおこる。舅は包丁を持ち出し(⑨)、それを振り回したため、嫁の腕が切られ出血する。夫はその夜、事件のことを知って心を入れかえる。そして舅をこのまま在宅で介護するか、それとも病院へ入れるか、という二者択一の問題を真剣に考える。在宅で介護ができなくなったら、病院へ入れる、という考えは、一九八〇年代には広く普及していた。舅本人が、病院で認知症の診断をくだされた日の帰り道に、嫁にはっきりと述べている――「それから、念のためにお願いしとくが、若いきみらに面倒をかけたくない。母さんの手に負えなくなったら、病院に入れなさい。」すでに舅の妻である「母さん」は亡くなっている。息子は家族の未来を考え抜いた末、在宅での介護は限界だと判断して、父を病院へ入れるのである。

⑨

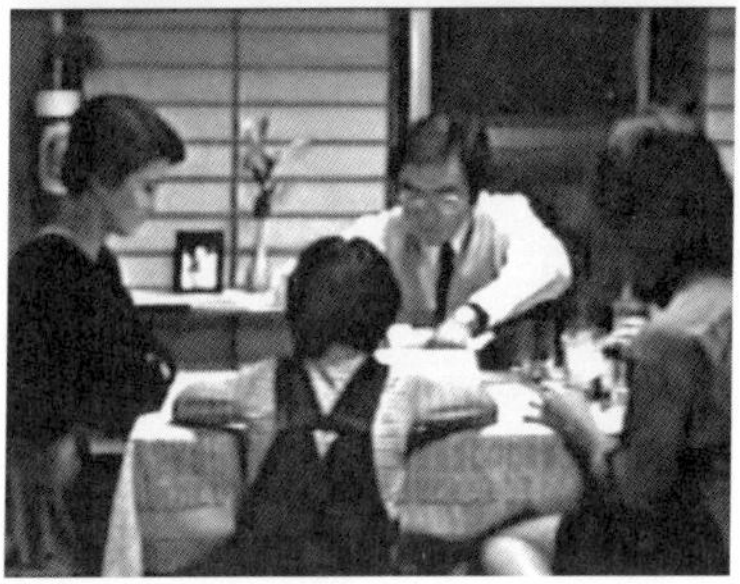
⑩『花いちもんめ。』

　その夜、初めて一家四人の団らんをむかえ(⑩)、息子は妻と二人の子どもたちに言う。

　いやあ、おじいちゃん、病院に入れて、かえってホッとしたよ。もともと病気

⑪
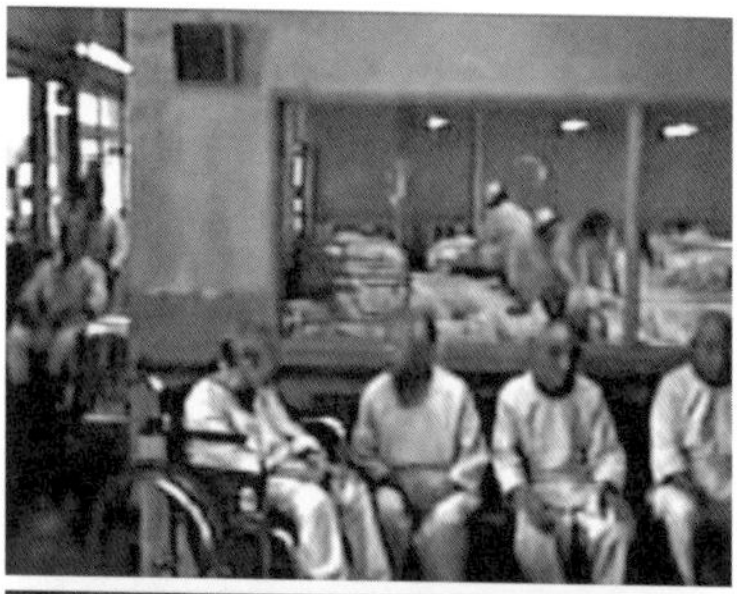
⑫
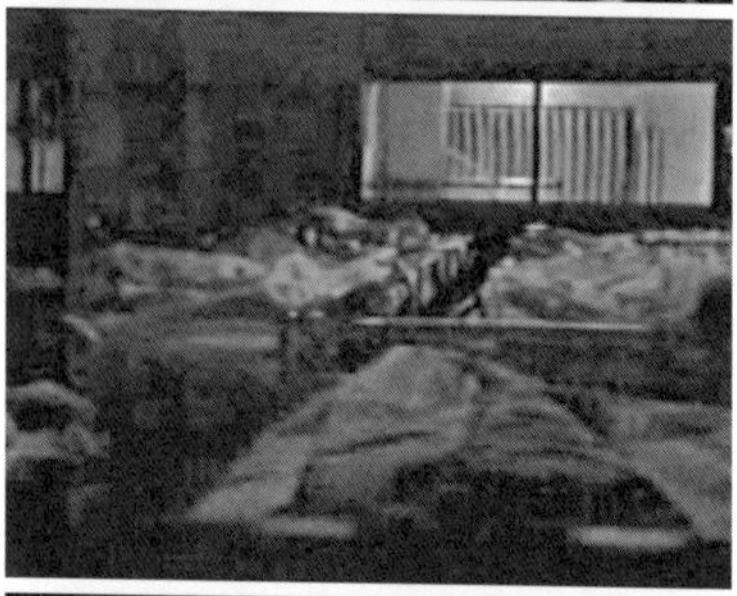
⑬

⑭
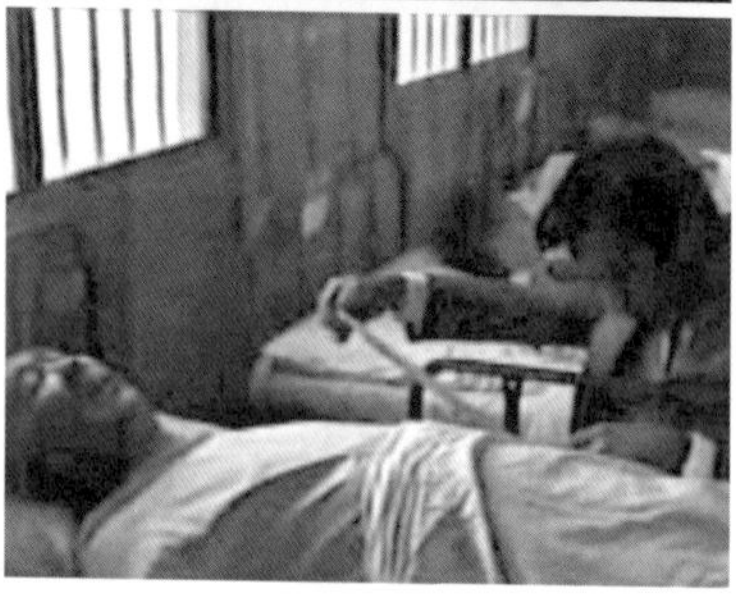
『花いちもんめ。』

なんだからなあ。病院で専門科の先生に診てもらうのが一番だ。それに同じようなお年寄りがいっぱいいて、寂しくないし、完全看護で心配もいらない。

「完全看護」で終の棲家となるのは、老人ホームではなく、病院である。映画が公開された一九八五年には、一九六三年に制定された老人福祉法によって「老人ホーム」は体系化されていたし、一九七八年に開始された「ショートステイ事業」も存在していた。しかし、冬吉は老人ホームにもショートステイにも連れて行かれない。病院へ連れて行かれたのである。

⑮

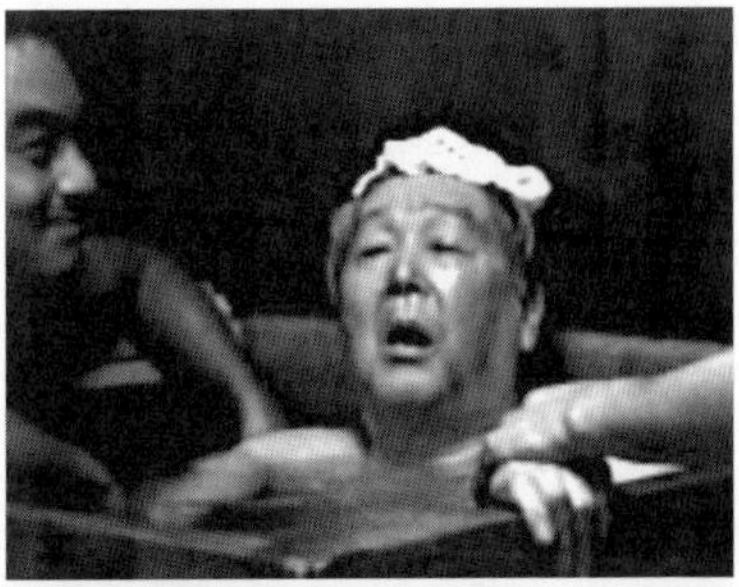

⑯

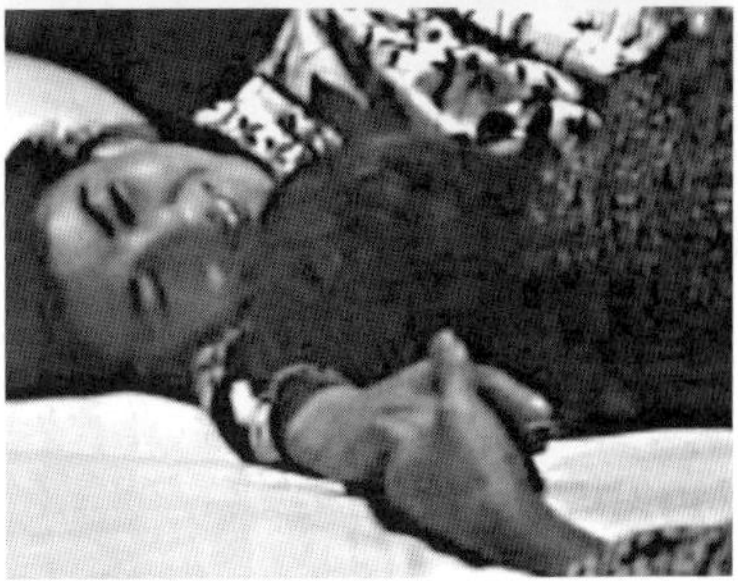

『花いちもんめ。』

しかしまた問題が起こる。病院は「完全看護」どころか、終の棲家として不適格と判断されたのである。判断したのは、息子である。病院の狭い空間で高齢者たちが車椅子に乗って横一列に並んでいる⑪。何をしているかは不明である。その向こうのガラス張りの空間には、ベッドがぎっしりと並べられ、高齢者たちが寝かされている⑫。冬吉もその一人であり、紐で両手をベッドに縛りつけられて寝かされている。病院へ父を見舞った息子に、看護婦はこう説明する――「暴れたんですよ。お宅でも持てあましてたんでしょ。こうするしかないんです」⑬。父の手を縛っている紐をほどきながら、息子は深くうなだれる⑭。

父を病院から連れ戻した息子は、自宅で介護する決心をする。映画の終盤には、介護のようすが何度も登場するようになる。冬吉の入浴シーンでは、桂子と治雄に囲まれて、体を洗ってもらっている冬吉が登場する⑮。桂子と治雄のあいだに、保護されるように冬吉が配置される構図は、いろいろな場面で出てくる。寝室でも冬吉は、二人のあいだに寝るのである⑯。

むろん介護はそれほど生やさしいことではないし、家庭の幸福をもたらすより崩壊のきっかけになることもあるが、『花いちもんめ。』では在宅での介護に大きな意義を見出し、幸福なる家庭の誕生をその成果として提示している。認知症という重厚なテーマを扱いながら、さわやかな後味の映画である。『花いちもんめ。』は日本アカデミー賞の最優秀映画作品賞を受賞した。

第三章　在宅介護の限界——一九八〇年代（2）

＊『人間の約束』

『花いちもんめ。』が公開された翌年の一九八六年には、老夫ではなく老妻が認知症になった映画、『人間の約束』（吉田喜重監督）がつくられた。認知症患者が女に設定された第一号という点で、重要な作品である。

認知症の現実がひとびとに認識されるようになると、認知症患者の現実の男女比もさっそく映画に反映されはじめる。一九八〇年代半ばに認知症患者の男女の比率が「男1：女3」という事実は、すでに知られていた。それは、羽田澄子監督が一九八六年に発表した画期的なドキュメンタリ映画、『痴呆性老人の世界』に記録されている。その映画は北九州の国立精神病院で一年強にわたって認知症患者たちを撮りつづけた成果で、一九八六年のキネマ旬報「文化映画」で一位に輝いた。この映画の反響は大きく、ドキュメンタリにおけるインパクトは二十年後でも薄れていなかった。二〇〇八年十月四日に東京大学で開催されたミシガンネット日米認知症ケアセミナー公開シンポジウム「よりよい認知症ケアをめざして」において、「映画〝痴呆性老人の世界〟をつくって」と題された羽田監督の講演が行われている。彼女が明示した認知症患者の男女比率は、その後もあまり変わっていない[17]。

女が認知症患者に設定された『人間の約束』では、その肝心な彼女が映画のオープニングではやばやと死んでしまう。寝ていた布団のなかで死んでいるのが、発見されたのである。死因が溺死だったことから、布団のなかで溺死？というミステリーが発生し、警察が犯人をさがしはじめる。サスペンスの要素が入り込んではいても、中核となるのはタツという名前のその老女（出演・村瀬幸子）と夫・亮作（出演・三國連太郎）の関係であり、タツと息子・依志男（出演・河原崎長一郎）の関係であり、どちらの関係でも介護がキーワードである。

フラッシュバックで過去へ時間が戻ると、タツが失禁するシーンが登場する。彼女が認知症になったことが、家族に知れる瞬間である。その直後、亮作が彼女を車椅子に乗せて散歩するシーンが登場し、二人が睦まじそうにしている様子がわかる（①）。

①

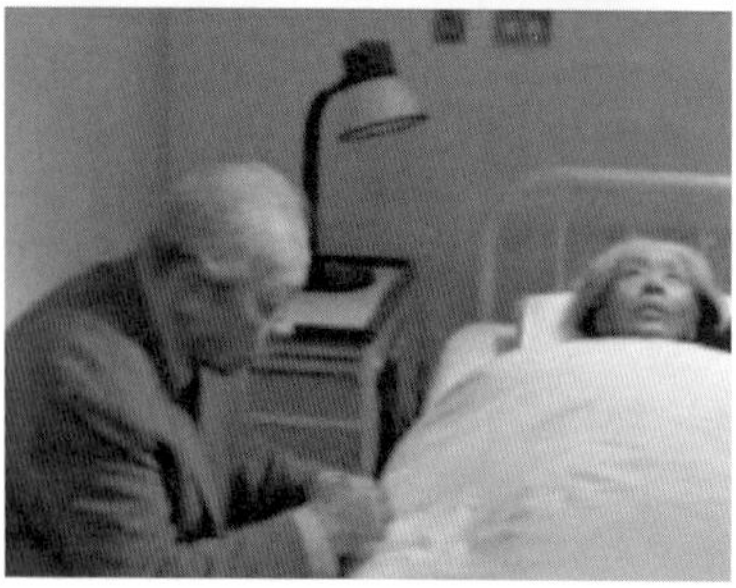
②

『人間の約束』

散歩のシーンのあと、老夫婦が二人いっしょに映されるのは、病院のシーンであるが②、ここでタツの余生に責任を持とうとする亮作の決意が明らかになる。タツを病院へ入れたのは亮作である。彼は息子に語る。「おら、ばあさんをよ、先にここへ入れたけども、いずれはおらも、この病院へ入ろうと思ってるだ」。すなわち、夫婦二人とも病院で世話してもらうという計画を立てたのである。介護を病院へ委ねたのである。亮作はきっぱりと息子に言い渡す。「断っておくけどな、おまえたちにはこれっぽっちも世話にならへんからな」。

介護映画の伝統であった「介護者＝嫁」というパターンを意図的に否定する役割を、亮作は担っている。嫁の律子（出演・佐藤オリエ）がそれを証言する。

依志男　またどうして病院なんか入れる気になったんだ

律子　わたしに悪いって言うのよ。ボケたおばあちゃんの下の面倒までみさせるのが忍びないって

病院という空間は、『花いちもんめ。』同様、介護の場として言及されるものの、適切な介護とは無縁である。タツが入った病室は、女性患者の大部屋なのだが、男性である亮作が付き添いを許可されて、出入り自由。これはおかしい。さらに、この大部屋では非現実的な光景が展開する。ひとりが「はよう、死なせておくれよぉ」と叫ぶと、複数の声が「死なせておくれよぉ」と合唱する

③
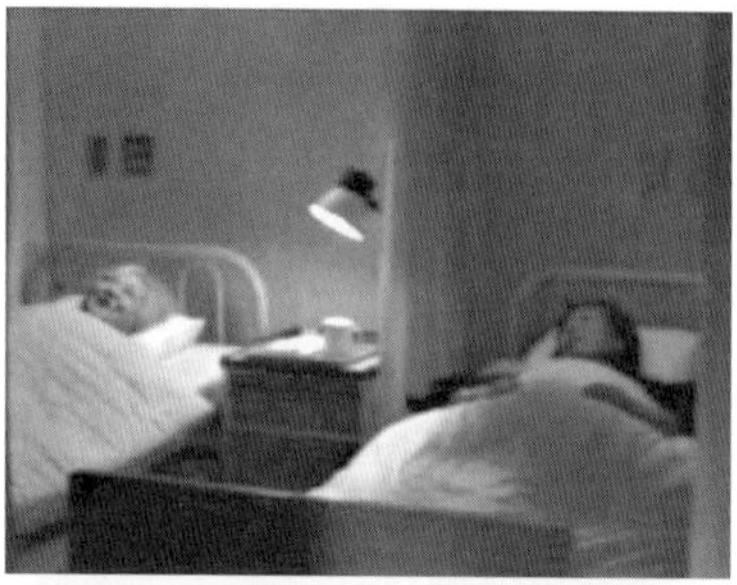

④

『人間の約束』

（③）。なかば冷笑的に、その不気味な合唱は病室に鳴り響く。この大部屋にはベッドが八つ置かれているが、八人の患者たちがそろって死にたがっているとは、考えにくいことである。非現実的な要素は、男性患者の大部屋でも見られる。亮作は病院の廊下を歩いて、男性患者の大部屋を覗いてみるが、そこは奇声を発しながらシーツを破り裂く老人たちであふれていた（④）。女性の大部屋も男性の大部屋も、病院スタッフの見守りはなく、野放し状態になっている。このように歪められた病院の表象は、そこが介護の場として、すなわちターミナル・ケアあるいはホスピスの場として適切に機能していないことを暗示する。

タツが死にたがっていることは、息子夫婦が見舞いに来たときに明らかになる。タツは嫁に心境をこう語る。「［となりのベッドの病人が］ゆうべ、死んだ。死んだんだよ。［中略］う、うらやましい」。彼女が死を求め、それを自宅で得たことは、このあとの大きなテーマになっていく。

嫁のひとことによって、タツは病院から連れ出される。嫁の言葉はこうである——「退院させましょうよ、おばあちゃんを。わたしが看るわ」。病院は映画から消える。それはちょうど『花いちもんめ。』の息子が、いったんは入院させた老父を連れ戻して、病院と縁を切るのと同じである。

　一九八〇年代の映画において病院が果たす役割は、介護の場として機能することが期待されているにもかかわらず、適切なケアがなされることのない施設として存在すること。それゆえ自宅での介護が本格的に開始されることになる。いったん入院させられた患者は、そこから救い出される形で、ふたたび自宅へ逆戻りするのである。

　タツは家に引き取られたが、まもなく浴槽で溺死しかかる事件が起こる。嫁が入浴を手伝っているとき、タツを浴槽に沈むままに放置したからだ。浴槽に沈んだタツを救い出したのは、亮作である。救い出されたタツは、亮作にはっきりと大きな声で「死なして、死なして、はよ死なせておくれよぉ」と叫ぶ⑤。病院での合唱どおりのフレーズである。横では嫁が「ごめんなさい」と、しきりに謝っている。その嫁にたいして、亮作はこう言い切る——「ばあさん楽にするならよ、おらがやる。おまえらには、触らせねえだ」。

　珍しくタツが口紅を塗った日、亮作はこう見抜く。「口紅を塗りたくっちまって、死に

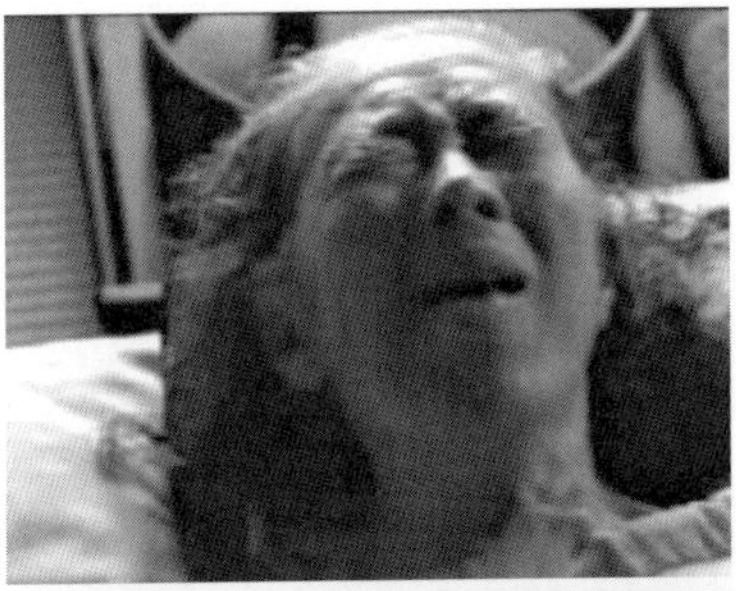
⑤

⑥『人間の約束』

化粧でもしてるつもりだべ。わかってるって、おめえの心は。」そして、彼女の唇に軽くキスしたあと、彼は言う。「ちっとも心配することねえぞ。おめえ楽にするぐれえの力、まだ残ってるさかいな。」彼は布団に入り、老妻と並んで横になる⑥。しかし、亮作はタツを楽にすることは、できなかった。

もうひとり、タツの死の願望を聞いた相手がいた。息子の依志男である。彼女は息子を見ると、「依志男、依志男ぉ、依志男おぉ」と手を精いっぱい伸ばして呼ぶ。そして、依志男が抱き起こしてやると、その首にしがみついて、彼の耳元で「死なせて、死なせて、はよ死なせておくれよぉ」、と例のフレーズをささやく⑦-⑧。

タツは、とうとう布団のなかで溺死する。最初は彼女みずから、水をたっぷり入れた洗面器のなかへ顔をつけて、死のうとする⑨。しかし、死にきれずにいるところを、息子の依志男が老母の頭を押さえつけて、溺れさせたのである⑩。

この映画は吉田喜重監督にサンダンス国際映画祭で銀賞をもたらした。認知症の実態を解剖して見せるという点で、『恍惚の人』や『花いちもんめ』に並ぶ傑作である。さらに『人間の約束』には、前述したように、認知症にかかるのが「女」という注目すべき点がある。それまでの認知症映画の患者といえば、まず男であった。『人間の約束』は「女」を患者に設定した初の認知症映画であり、タツを演じた村瀬幸子に毎日映画コンクール・最優秀助演女優賞がもたらされた。みごとなアルツハイマー型認知症の老女を演じた功績である。

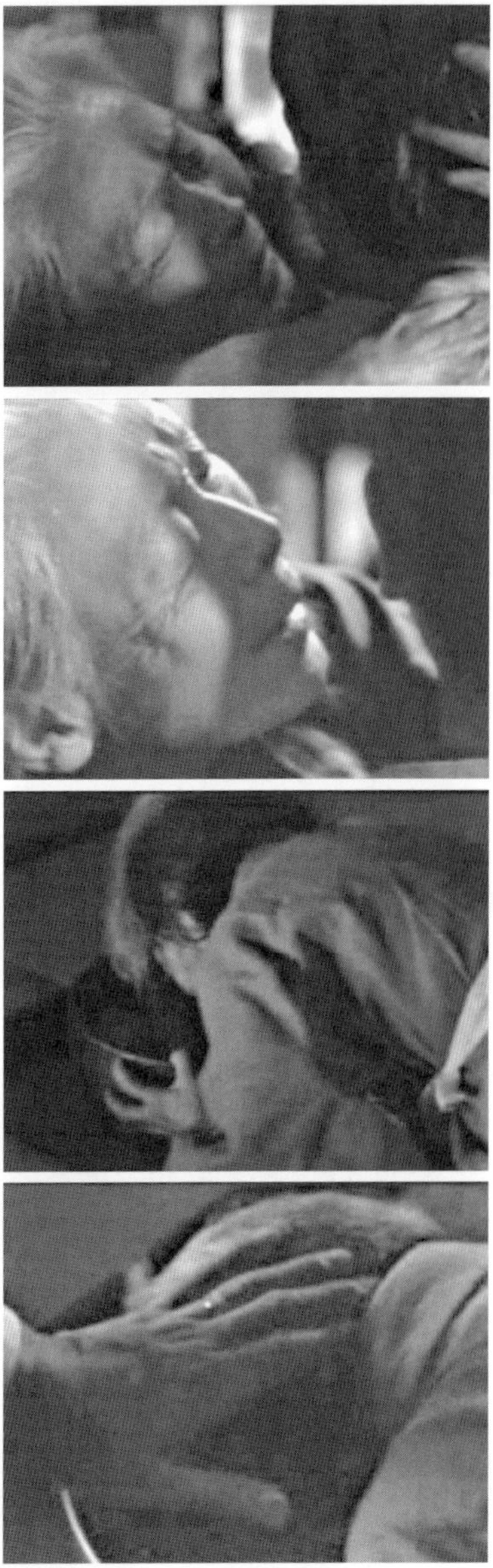

⑦⑧⑨⑩『人間の約束』

　『人間の約束』が一九八〇年代の半ばに先鞭をつけた「女の認知症患者」は、一九九〇年代の映画において主流となってきた。一九九〇年代の認知症映画の作品として、『午後の遺言状』（一九九五年、新藤兼人監督）と『ユキエ』（一九九八年、松井久子監督）があげられる。どちらの作品でも、妻が認知症にかかり、夫が介護している。

　一九九〇年代には、介護が映画の中心テーマではないものの、認知症にかかった人物が登場する映画が、かなり出てきた。『八月の狂詩曲』（一九九一年、黒澤明監督）、『Going West　西へ……』（一九九七年、向井寛監督）、『ちぎれ雲　いつか老人介護』（一九九八年、山口巧監督）、『あの、夏

の日 ～とんでろ じいちゃん～』（一九九九年、大林宣彦監督）などである。それらの映画には、介護が描かれていないため、本論では考察されない。

註

（17）『社会実情データ図録』「主な傷病別の総患者数」http://honkawa2.sakura.ne.jp/2105.html 二〇二一年十一月三〇日閲覧。主な傷病別の総患者数について、「女性比率が最も高いのは乳がんを除くとアルツハイマー病」であることが記述されている。そこに引用された資料は二〇一四年の厚生労働省「患者調査」であり、アルツハイマー病患者五六二、〇〇〇人のうち、男性一五〇、〇〇〇人、女性四一二、〇〇〇人であることが示されている。

第四章　老々介護の明暗――一九九〇年代

＊『午後の遺言状』
＊『ユキエ』

一九九五年の『午後の遺言状』と一九九九年の『ユキエ』は、認知症にかかった妻を夫が介護するという点は同じであるが、前者では夫婦いっしょに入水自殺し、後者では夫婦がこれからも幸福に暮らしていくという余韻を残す。一方は死、他方は生を選ぶのである。ただし、どちらも夫婦が外部にあまり頼らず、夫婦だけの介護ユニット（単位）をつくりあげているということでは、共通している。これらの映画に介護制度は描かれることなく、夫婦は公的支援を要請することすらしていない。

『午後の遺言状』では何十年も会うことがなかったにもかかわらず、認知症になってとつぜん出現した旧友の登美江（出演・朝霧鏡子）を、主人公の森本蓉子（出演・杉村春子）が出迎える。映画の冒頭で、蓉子は登美江の夫、藤八郎（出演・観世栄夫）から、夫婦で訪問したいという電話を受けていた。老夫に支えられながら、おぼつかない足取りでタクシーから降りる登美江。「登美江さん」

①②③④
『午後の遺言状』

と声をかけられても、あらぬ方向を見つめたままである(①-②)。老夫は「ちょっと平常心を失っとりまして」と言い訳をする。「登美江、森本蓉子さんだ。会いたかったんだろ」という夫に、無表情なままの登美江。

ひとしきり挨拶をすませ、「さあ、どうぞ」という蓉子の言葉で、みなは家へ向かいはじめる。ところが、登美江はすぐに立ち止まって、草にとまったトンボに異様な関心をもち、じっと見つめる。そして、手を伸ばす(③-④)。トンボは飛び去っていくが、このトンボのシーンで、登美江とトンボがクロースアップで撮られているのは、理由もなくトンボに執着する彼女の異様さに観客の注意を向けるためである。彼女が尋常ではないことが、明らかになるシーンだ。そんな彼女に、夫はやさしく、小さな子をなだめるように、「あとで取ろうね。いくらでも赤トンボはいるさかい」、と声をかける。

「五年くらいまえから、この兆候が見えはじめまして、だんだん進んでまいりました」、と夫は登美江の認知症を蓉子に説明する。そして、「三日ほど前、急にあなたにお会いしたいなどと申しますもんで」と、今回の訪問の理由を明らかにする。

　登美江の夫、藤八郎は仕事をやめて、彼女の介護に専念しているという。蓉子も、家政婦の豊子（出演・乙羽信子）も、いたく感心する。豊子が「老人性痴呆症になったら困るだべ」と言うと、「そうねえ、わたしには、藤八郎さんみたいな人がいないからねえ」と、蓉子は介護者としての藤八郎の存在を評価する。

　登美江はひとつのことを主張しつづける。それは、「村へ行く」ということである。藤八郎が「やっぱり京都へ帰ろうか」と言っても、かたくなに村行きを主張するのである。村へ行くということは、二人で故郷の村へ帰

⑤

⑥

『午後の遺言状』

って、そこで入水自殺することだと、やがてわかる。登美江の決心は固く、藤八郎も彼女に従う決心がついたようだ。やがて村に着いて、並んで海に入っていく二人に、なんのためらいもない（⑤-⑥）。登美江は死にたかったのだ。彼女はいちども口に出したことはなかったが、『人間の約束』のタツの「死なせて」に通じる心理が、ここに見られる。

『午後の遺言状』はさまざまな映画賞をとっている。日本アカデミー賞、ブルーリボン賞、キネマ旬報賞、報知映画賞、毎日映画コンクール、モスクワ国際映画祭、日経スポーツ映画賞などで、受賞は監督の新藤兼人と主演女優の杉村春子に集中している。杉村はたしかに認知症患者に接した驚きや望みを、みごとに演じていた。しかし、認知症の老女そのものを演じた朝霧鏡子も、忘れがたい演技を披露したのであり、彼女の存在なくしては杉村の受賞演技は成り立たなかっただろう。

『午後の遺言状』の登美江は、「死なせて」という願いを抱き、夫を道連れにして死んでいった。介護制度が整っていた外部に支援を求めることなく、夫婦だけで介護を全うしようとして、できなかったのである。『ユキエ』の主人公ユキエ（出演・倍賞美津子）も、『人間の約束』のタツや『午後の遺言状』の登美江と同じく、認知症が進行したら死にたいと考えている。彼女は夫に、「ほんとうにボケてしまったら、殺してね」と頼んでいる。この『ユキエ』という映画では、夫婦は死ぬことはない。むしろ、二人だけで幸福な余生が送れるであろうと予感させるような明るいエンディングとなっている。

『ユキエ』は松井久子監督が認知症にかかった女を主人公にしてつくった二つの映画のうち、最初の作品であり、一九九九年に公開された。(二作目は二〇〇一年の『折り梅』。)『ユキエ』の舞台はアメリカ、ルイジアナ州。アメリカ人と結婚し、そのため日本の両親に勘当された女、ユキエが主人公になっている。彼女の変調を心配した夫リチャード(出演・ボー・スベンソン)が、ユキエを病院へ連れて行く。問診やCTスキャンなどの検査が実施される(⑦-⑧)。

その結果、CTスキャン画像を夫に見せながら、医師は「奥さんには認知症の兆候が見られます」と診断をくだす(⑨-⑩)。彼は念入りに、「わたしの診断では、奥さんはアルツハイマー病です」とくり返す。まもなくユキエは、「わたし、どこが悪いの? アルツハイマーなの?」とみず

⑦

⑧
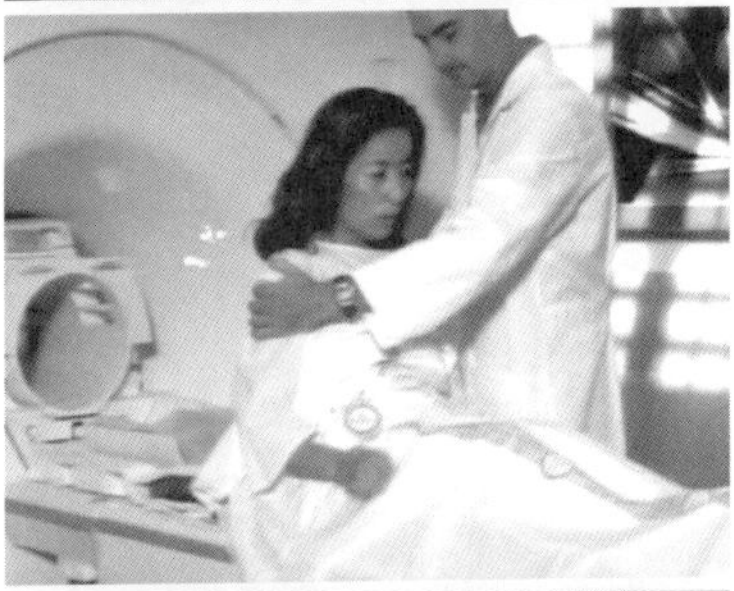

⑨
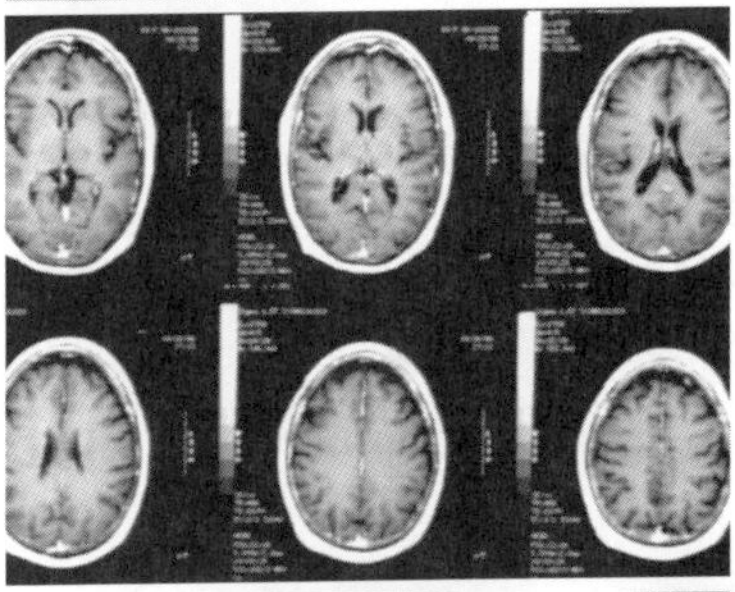

⑩

『ユキエ』

から病名を出して、夫に尋ねる。いったんは「違う」と否定した夫だったが、すぐに「そうらしい」と答える。ここで、ユキエは取り乱すことなく、「ありがとう、愛しています」といって部屋を出るところに、自分を抑制する性格であることが示されている。

しかしじつは、たいへんショックだったらしく、ユキエは外に出て呆然と歩き回る。そして、帰宅する道がわからなくなってしまうのである。やっと警官が彼女を保護して、家へ送り届けると、リチャードは「見つからないかと思ったよ」といって、ほんとうに嬉しさいっぱいに彼女を抱きしめる。

やがて、彼女は息子の顔もわからなくなる。「ママ、ランディだよ」と言われても、無表情なままのユキエ。しかし、突発的に記憶が戻るらしい。そのときだ、つぎの会話が交わされるのは。

ユキエ　私の息子、ランディ？
ランディ　そうだよ、僕だよ
ユキエ　ランディ、お前にまた逢えて、よかった。今、私の身に何が起こっているのか、解らないけど、この病気は、お前たちとのゆっくりしたさよならと思っているの。それでいいね
ランディ　ああ

まだユキエは、崩壊がそれほど進んでいるわけではない。しかし、彼女はまもなく自分が自分でなくなることを承知している。それでもできれば現状を維持したいと思っている。ユキエを心配してくれる友人のタミエは、不定期ではあっても食事の世話をしたり、買い物をしたり、話し相手になったりしている⑪。夫の外出日にタミエが訪問できないときは、夫が食事を用意していることが、夫婦の会話からわかる――「タミエが来れないからね。サンドイッチを作って冷蔵庫へ入れておいた。コーヒーもあるし、ミルクも冷蔵庫に」。

ユキエの変化を心配する息子たちは、施設への入居を勧めている。息子のひとり、マイケルはこう言う。「父さん、今の母さんには医学の力が必要なんだ。わかってるだろ？　それには彼女がどこで暮らすべきかを、まず……」この息子をリチャードはさえぎって、「ばかな！　彼女はわたしといっしょに居るんだ」と叫ぶ。それでも息子は、「かならず手厚い看護が必要な時が来るよ」と主張する⑫。するともうひとりの息子、ランディも「それも専門家の助けを借りてね」と同意する。嫁のエイミーはもっとストレートに「老人ホー

⑪

⑫

『ユキエ』

⑬

⑭

『ユキエ』

ムに入れる」ことを提案する。息子たちが何と言っても、リチャードの意思は変わらない。あくまで在宅で自分がユキエを介護したいという。翌日、マイケルが両親を引き取って、自分の家で介護したいと申し出たときも、リチャードの気持ちは変わらなかった――「わたしはお前の母親とは四十五年もいっしょに居る。彼女が何を望み、何を必要としているかは、わたしが一番よく考えてる。」

　息子たちから、在宅介護は無理であることを言い聞かされたリチャードは、ユキエのために何が一番良いことなのか迷いはじめて、患者の家族の会に参加する⑬。その会で、妻をホームへ入居させて良い結果が得られたという男の話が紹介され⑭、リチャードに老人ホームの可能性を考えさせることになる。

　その直後、彼はユキエを連れて病院を見学する⑮。この病院は老人ホームと同等の機能をもっていて、患者が暮らす「家」と定義されている。一部屋に二人が居住するとのこと⑯。病院のスタッフはこう説明している。

ここが病室で、だいたいこのような二人部屋です。患者さんが少しでも快適に過ごせるように、ご自分の気に入った私物を持ってきていただいてます。患者さんたちの家になるわけですから。

患者同士が集まる共用部屋も設けてある⑰。そこの人々を見つめていたユキエは、夫に訴える――「あなた、帰りたい」、と。二人は結局、病院より家を選び、在宅で夫が妻を介護する道を選ぶ。タミエがべつの友人ライアを連れてきたとき、ライアはリチャードに尋ねる。「二人だけでや

⑮

⑯
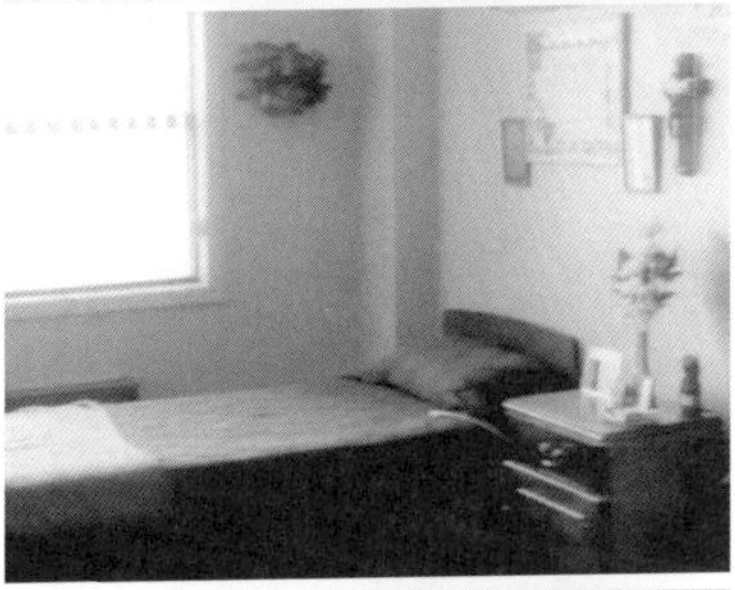

⑰

⑱

『ユキエ』

⑲

⑳

㉑

㉒

『ユキエ』

れてるの?」(⑱)。それに対する答えは、「ああ、何とか」。

ユキエはいたっておとなしい。今の彼女の症状は、記憶喪失のほかは、無口で無表情になるか、とつぜん気分を害することぐらいだ。やがて、妄想や徘徊が日常化すると、家庭はどうなるのか。夫は介護しつづけることができるのか。映画のエンディングで、リチャードはいう。

ユキエが記憶を完全に失ってしまえば、わたしたち二人の人生の物語を知っているのは、わたし一人きりになってしまう。それがほんとうにあったものかどうか、だれにも確かめることもできず、自分で自分に問うてみるしかない。

どうやら、リチャードはユキエが完全に崩れても、ユキエとの思い出を胸に、生きていく決心をしているようだ。二人の穏やかな今後を予見するかのように、ユキエに朝食を食べさせるリチャードの姿がある⑲。バルコニーで静かに座る二人の姿もある⑳。そこへ「ユーアー・マイサンシャイン」の弾む歌声がかぶさってきて、木漏れ日の暖かそうな家のロングショットとルイジアナの町の俯瞰ショットで、映画は終わる(㉑-㉒)。ユキエはこうして夫に守られながら、今後も静かにときを過ごしていくだろう、という余韻がある。認知症映画として、これまでにない明るく穏やかなエンディングである。この映画がつくられたのは、一九九九年。二〇〇〇年はすぐそこまで来ている。

第五章　デイサービスの登場——二〇〇〇年代(1)

＊『アカシアの道』

二〇〇〇年代の映画でも、認知症にかかるのは、まず女である。高齢社会をむかえ、男よりも長寿の女のほうが認知症にかかる比率が大きくなった現実を、映画に描き出した結果である。しかし、介護する側は大きく変化し、「介護保険法」施行に伴って介護事業が広がりを見せたため、介護映画における介護のありかたも多種多様に変化していった。

日本における認知症映画が大きな変化を迎える二〇〇〇年代は、グローバルな視点から見ても重要な時期である。外国映画が遅ればせながら認知症を描きはじめたのである。イギリスでは『アイリス』(二〇〇一年、リチャード・エア監督)が制作された。日本映画では実践されてこなかったイギリス映画のアプローチとして、実在の著名人をモデルにする試みがあげられる。『アイリス』は二十世紀小説の最高峰を築いたイギリス人作家アイリス・マードックをモデルにし、そのよく知られた著名人が崩れていくさまを赤裸々に描き出して見せた。ショックを受けた視聴者が多く出たそうだ。認知症になる前、マードックは来日して精力的に講演もしていたので、日本人ファンもかなりいた。ショッキングな映画ではあったが、完成度が高く、アメリカアカデミー賞(オスカー賞)をはじめ、数多くの受賞を果たした。

アメリカでは『きみに読む物語』(二〇〇四年、ニック・カサヴェテス監督)が公開された。著名人マードックをふつうの老女に置き換えた認知症映画といっていいほど、過去と現在を交差させる手法が『アイリス』に似ている。カナダでは『アウェイ・フロム・ハー 君を想う』(二〇〇六年、セアラ・ポリー監督)が登場し、やはりアルツハイマー型認知症への関心の高さを示しているばかりでなく、介護施設での入居者たちの様子を巧みに描き出している。

中国や香港でも、このテーマは近年、映画に取り入れられている。香港で発表された『女人、四十』(一九九五年、アン・ホイ監督)は、ベルリン国際映画祭での受賞をはじめ、多くの映画賞に輝いた名作であり、認知症にかかった義理の父を介護する四十歳の女が、主役となっている。この映画の出現が一九九〇年代であり、ほかの国より早かったのは、アン・ホイ監督が日本人を母にもち、日本で映画『恍惚の人』が登場し話題になっていた一九七〇年代前半に母といっしょに来日し、『恍惚の人』から影響を受けたからと考えられる。その証拠に、アルツハイマー患者が老人(男)、介護者がその嫁(女)という設定が、『恍惚の人』の設定とまったく同じであるだけでなく、介護者が患者に信頼と愛情をもつにいたるというプロット展開も、酷似している。

韓国映画にも、認知症になった祖母や父が登場するようになるが、日本でヒットし韓国映画としての興行成績一位を占めることになった『私の頭の中の消しゴム』(二〇〇五年、イ・ジェハン監督)では、終盤に介護のテーマが浮上する。(日本における韓国映画の興行成績に関しては、やがて『パラサイト　半地下の家族』が一位の座につく。)

日本は三十年も世界に先駆けて、認知症と介護を映画化していた。したがって、先進国日本と諸外国の映画を比較することは、日本の独自性を浮かび上がらせるうえでも、異文化理解を深めるうえでも有意義であろう。しかし本書では、日本の認知症映画に見る介護にテーマを絞り、外国映画の考察は別の機会にゆずりたい。

日本では認知症映画の第一号、『恍惚の人』が一九七三年に公開されたあと、第二号が出るまでの時間は長かった。やっと一九八五年になって、『花いちもんめ。』が伊藤俊也監督によって制作され、認知症映画の系譜が今日に向かって流れはじめた。認知症映画の第二号を『花いちもんめ。』とすることに、異議が出されるかもしれない。なぜなら、認知症の人物が登場する映画なら、『花いちもんめ。』より二年前の一九八三年に神山征二郎が監督した『ふるさと』があるからだ。しかし、その『ふるさと』においては認知症が中核をなすテーマとなっていない。認知症患者が登場しても脇役でしかない例は、ほかにもある。前に言及した向井寛監督の『Going West 西へ……』(一九九七年)では、主人公が六十年ぶりに再会する初恋の相手が認知症患者、という設定が見られる。緒方明監督の『いつか読書する日』(二〇〇四年)では、元大学教授が認知症におかされているという設定が見られる。いずれの場合も、認知症患者はほんの脇役である。

一九九〇年代の認知症映画としては『午後の遺言状』(一九九五年)や『ユキエ』(一九九八年)を考察したが、老女を介護するのは、たいてい彼女の夫＝「男」であった。二〇〇〇年代に入ると、「女」の患者を介護するのは、圧倒的に「女」が多くなる。それも、患者と法的に結びついた娘や嫁、さらには孫になるのである。

『アカシアの道』(二〇〇一年、松岡錠司監督)では、実の娘が介護者として設定されている。この設定をめぐって、ひとつの疑問がわき起こる――なぜ、息子は介護者として設定されないのだろうか。じつは、息子が老母を介護する例は、『アルツハイマーのお袋との八〇〇日――中年オトコの介護奮闘記』の出版からわかるように、存在している。[18] それにもかかわらず、息子が介護者に設定されないのは、映画というメディアが時代のジェンダー観に敏感になってきたからであろう。一九九〇年代終わりから二〇〇〇年代初めは、一九七〇年代に欧米で普及し一九八〇年代に日本にも浸透してきた第三次フェミニズムの波をうけ、母と娘の関係をテーマとする芸術が容易に生み出される文化的、社会的土壌が確立された時期である。『アカシアの道』は、そうした土壌のなかで制作された作品である。もちろん、この映画にはフェミニズムという言葉も、フェミニズム宣言も出てこないが、第三次フェミニズムを通過してこそ生まれうる赤裸々な母娘関係の描写が、全篇に見られる。その意味で、『アカシアの道』は時代の文化・社会を鋭敏に反映しているといえる。

『アカシアの道』のオープニングは、真っ黒なフレームに鳴り響くハイヒールの足音ではじまり(①)、不気味さが漂う。真っ黒のフレームから、アパートの一〇五号室の閉じられたドアのショットへ切り替わっても（②）、観客にとって十分な情報が与えられているとはいえない。だれが、だれを訪問しているのか、不明のままである。映画は通常、ロングショットを提示し、そのなかに登場人物を配置して、どのような環境にどのような人物がいるかを視聴者に伝えなければならない、という規則（エスタブリッシング・ショット）がある。その規則が、ここでは破られている。規則破りのオープニングのあと、アパート一〇五号室のドアの左隅に、訪問者の後頭部が入ってくるが（③）、それでもまだ状況はわからない。玄関のチャイムが鳴り、内から年配の女の声で「はい」という短い返事が聞こえてくる。ドアが開き、老女（出演・渡辺美佐子）の顔がふいにミディアム・クロース

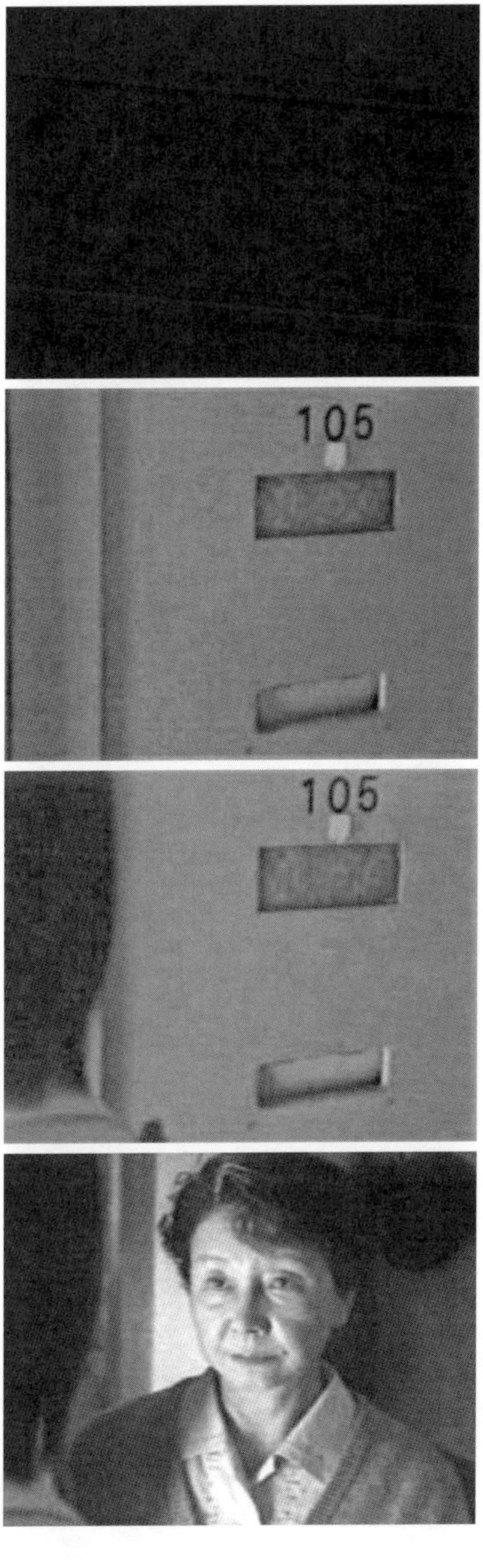

①②③④『アカシアの道』

アップでフレーム中央に出現する(④)。それでも視聴者は一向に状況を把握できず、不可解さだけが残る。

この不可解さが、じつは映画の隠されたテーマである。情報を与えられないのは、わたしたち視聴者だけではない。老女と来訪者は、たがいの情報をほとんど与えられていないことがわかる。この来訪者は、一〇五号室の母を十数年ぶりに訪問した娘(出演・夏川結衣)であり、ふたりはずっと音信不通になっていたのだ。母と娘の関係がしだいに明らかになり、二人がたがいの十分な情報を得たところで、映画は終わる仕組みになっている。視聴者に状況がわからないと感じさせることは、映画が意図したことなのである。

娘が部屋へ入ると、少しずつ情報が提供されはじめる。母と娘はダイニングテーブルに向かい合ってすわる。母は娘に、「居場所がなくて、帰ってきたの?」とたずねるが、これは母が娘をどう評価しているかを、端的にあらわす言葉である。娘は「居場所がなく」なる人、すなわち失敗者、と捉えられているのである。それを娘は無視し、「叔母さんから電話があった」から来たのだ、とだけ短く答える。このあとまもなく、老母が異常をきたしていることを示すショットが、つぎつぎに出てくる。そのひとつひとつが、娘のアクションによって明らかにされるのである。まず、娘が冷蔵庫を開らくと、そこには缶ビールと瓶ビールがぎゅうぎゅうに押し込まれているだけで、まともな食べ物は何もないことが判明する(⑤)。つぎに、娘がふすま戸を開けると、真っ黒焦げになった衣服と、蒸気をシューシューと吹き出しつづけるアイロンが放置されているのが見える(⑥)。その黒焦げの現場を見た娘は、「なに、これ」とつぶやくが、彼女にむかって老母は「自分でしたことは、自分でかたづけなさい」、と言い放つのである。もはや、老母自身がやったことを覚えていないのだ。

ここで初めてアカシアの木々が映され⑦、『アカシアの道』というタイトルが出現する⑧。アカシアの並木道を母と娘が散歩するシーンは、映画全篇で二度出てくるのであるが、一度目と二度目では二人の関係は大きく変化する。何がどのように変化したかを読み解くことで、この映画は理解できる。

⑤

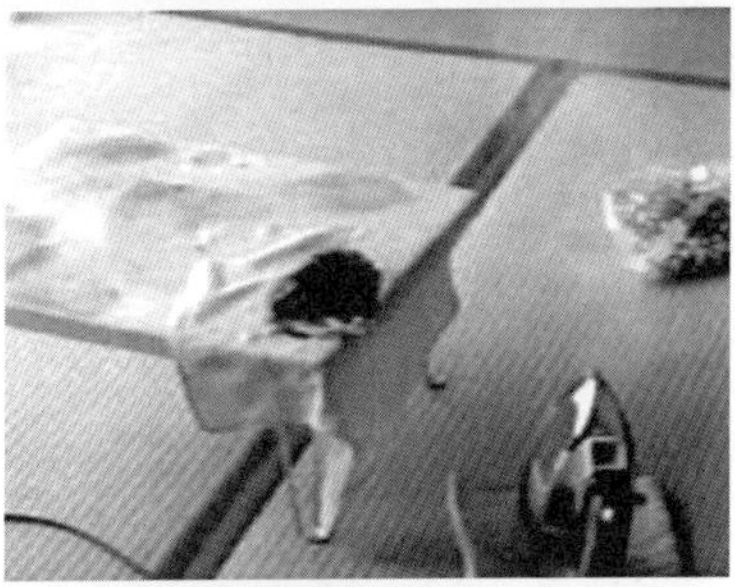
⑥

⑦

⑧　『アカシアの道』

一度目に登場するのは、娘が母と同居しはじめた直後である。母が娘にむかって「おまえはいつだって、わたしを裏切る、いつも裏切ってきた」と罵詈雑言を投げつけ、とつぜん立ち上がって外へ出ると、そのままアカシア並木を散歩するシーンになる⑨。さっさと歩く母と、そのあとをついていく娘。母は「まったく心配だよ、この子は。きちんと挨拶もできない。ほんとみっともない。ほんと世話がやける」と、罵倒をつづけている。ふたりが歩く道は、アカシアで埋め尽くされた森のなかの一本道である。とつぜん母は嬉しそうな声で、「ああ、なんていう花だっけ」と尋ねる。娘が「アカシアよ」と答えると、「ああ、アカシアかあ、きれいだねえ」と、優しい声で感動する⑩。老母の豹変ぶりは驚きであり、それが彼女の病気を示している。

アカシア並木のなかで、娘は思いにふけった顔で立ち止まる⑪。そして、過去のシーンが出現する。そこでは若い母と小学生の娘が同じアカシアの道を歩いている⑫。ふたりの会話がはっきりと聞こえてくる。

娘　お母さん、アカシア満開だね、いい匂い

母　これ、アカシアじゃないわ。みんなアカシアっていうけど、ほんとうはニセアカシアっていうの

娘　こんなにきれいなのに、ニセなんて、かわいそう

母　ニセはニセなの。知識は正確でなくちゃ。あんたって感傷的ね

今は無邪気にアカシアの美しさを愛でる母だが、かつては娘の感情を冷淡に傷つけていたことを、娘は忘れていないのだ。

映画のエンディングで、アカシアの道を散歩する母娘の二度目のシーンが登場する（⑬）。この二度目の散歩シーンでは、母娘関係はすっかり変化している。もちろん、よい方向へ変化しているのである。母は花びらが風で舞い散っていることがわからず、「雪?」とつぶやく。しかし、つぎの瞬間、地面にすわりこんで、「花だあ」と喜ぶ（⑭）。そして、以前とおなじように、「何て花?」と

⑨

⑩

⑪

⑫

『アカシアの道』

⑬

⑭

⑮

⑯

『アカシアの道』

娘に聞く。娘も以前とおなじように、「アカシア」と答える。ここで、以前にはあり得なかったアクションが起こる。娘は母の手を取り(⑮)、ふたりは手をつないだままアカシアの道を歩いていく。娘が子どものころ、母は「ニセはニセ」と主張し、アカシアに喜ぶ娘を否定した。しかし、今、娘は母とはちがう道を選択する。ニセモノだと残酷な発言で相手を幻滅させることなく、相手の手をとって、ともにアカシアのなかを歩くことを選んだのである。娘はこうして、母との新たな関係を築いた。

お母さん、わたしこうやって手をつないでほしかった。お母さんはやってくれなかったけど、
わたしはやってあげる。

すると、母は初めて（おそらく生まれて初めて）娘に「ありがとう」と、感謝の気持ちをすなおに述べるのである。

娘がふたりの絆を確認するかのように、映画の中盤過ぎで母に言う言葉は印象的である。「お母さん、わたしたち、ずっと二人っきりだったよね」。こうした母と娘の絆のうえに在宅介護は——成り立つ。

⑰
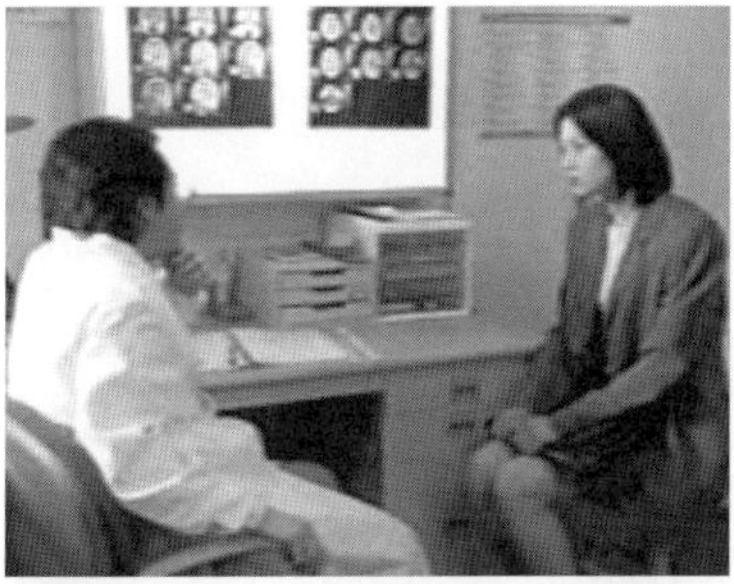

⑱

『アカシアの道』

この映画には、介護に関して二つの重要な要素が出てくる。一つ目は介護認定の申請、二つ目はデイサービスの利用である。母が認知症にかかったことは、病院での診察によって明らかになっていたが⑰、その母にサービスを受けさせたいと思った娘は、市役所へ赴く⑱。そこで職員から、サービスを受けるには「介護認定」が必須という説明を受ける。これは映画において初めて「介護認定」

が言及された例である。

職員　お母さまは木島かな子さん、六十三歳ですね
娘　はい
職員　申請にはですね、認定調査とお医者さんの意見書が必要でして、それで申請していただいて、調査員が伺うことになります。それを審査のうえ、介護認定が出るわけです
娘　それでサービスが受けられるということですか
職員　はい。ただ、今サービスのほうがですね、非常に混んでまして、いつからとは、はっきり言えない状況でして
娘　そうですか
職員　あのお、費用はかさみますが、民間のショートステイとかデイケアも検討されたらどうでしょう。（中略）民間の施設のリストがありますので、ちょっとお待ちください

娘は「介護認定」の手続きを、市の職員に教えてもらったのであるが、通常その手続きをするのはケアマネージャーである。この映画が公開されたのは二〇〇一年。すでにケアマネージャーは誕生していたし、介護の現状では重要な役割を担うケアマネージャーであるが、この映画で描かれることはない。ケアマネージャーは介護を「提供する人」と「利用する人」を結びつける仲人的な存

在である。その仲人を描こうとすると人間関係が煩雑になり、二時間で完結しなければならない時間的制約がある映画においては、余分な時間がかかってしまう。そのため、最小限必要な登場人物である「利用者」がケアマネージャーの役割を果たす設定になる。それだから、介護サービスを提供する事業所を利用者本人（あるいはその家族）が見つけ出すような状況が出現する。

『アカシアの道』の終盤近くでは、「一年後」という字幕が出たあと、市の職員から得たリストにあったであろうデイサービスを利用する母が登場する⑲。十人ほどの利用者といっしょにタオルをたたむ作業をやっている。三人のスタッフが見守り、母に近寄った一人は「進んでるじゃないで

⑲
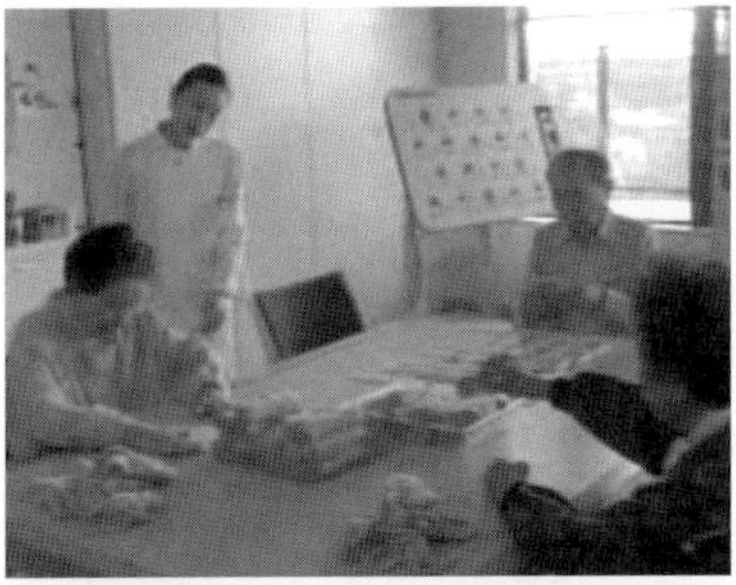

⑳
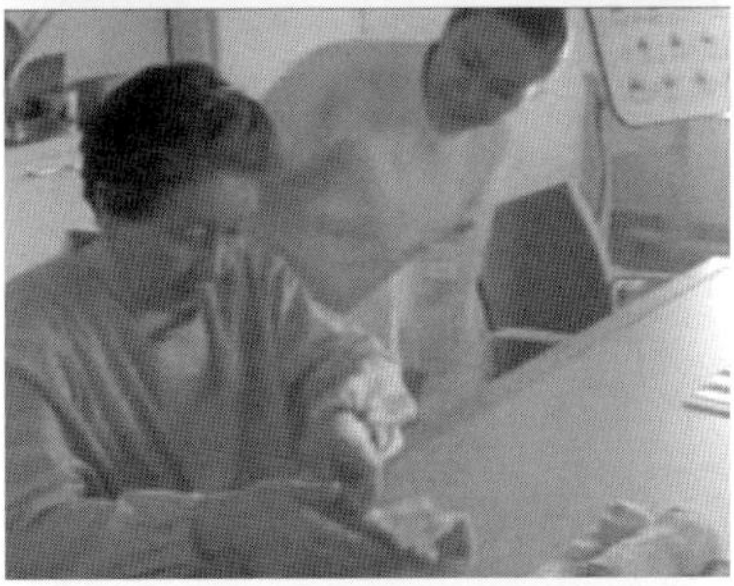

㉑

㉒

『アカシアの道』

すか、あと少しなので、がんばってくださいね」とやさしく声をかけている⑳。
サービスが終わると、施設の車で利用者たちが送り届けられる風景も、現在とまったく変わっていない。母が降ろされる場所には、青年(出演・高岡奏輔)が待っていて、二人は並んで公園へ歩いていく(図㉑-㉒)。そこへ仕事から帰った娘が到着し、彼にお礼を述べる。この青年はたまたま公園で知り合った仲で、母娘が生活できるように協力してやっている。このような協力的な青年が救世主のように現れるのは、映画というフィクションならではのこと。現実にはありえない。青年はまた出迎えることを約束して、仕事へ出かける。

青年　じゃ、つぎもまた火曜でいいよね
娘　お願いね
青年　はい、じゃあね

註

(18)　野田明宏、『アルツハイマーのお袋との八〇〇日—中年男の介護奮闘記』(時事通信社、二〇〇五年)。

第六章　在宅介護が成功した秘訣——二〇〇〇年代(2)

＊『折り梅』

二〇〇一年には『アカシアの道』のほかに、もうひとつの認知症映画がつくられた。それは『折り梅』(二〇〇一年、松井久子監督)である。

『折り梅』の認知症患者、菅野政子(出演・吉行和子)はやはり高齢の女である。『アカシアの道』と同じ設定である。政子は息子一家と同居しはじめたとき、認知症にかかっていることがまだ家族に知られていなかった。息子一家は、息子の菅野裕三(出演・トミーズ雅)、その妻の巴(出演・原田美枝子)、中学生と小学生の子ども二人である。同居してまもなく、政子の言動がおかしいため、嫁の巴は彼女を強引に病院へ引っ張っていく(①)。そして、認知症の初期だという宣告を受ける。こうした病院のシーンは、前述のとおり、一九九〇年代以降の日本の認知症映画にはかならず挿入されるのであるが、たんなる老化ではなく、まちがいなく認知症であることを客観的に示すところから映画は出発するのである。

①

②

③

④

『折り梅』

巴はずっと老女を介護することになる。パートタイマーとして働く巴にすれば、精一杯、介護につとめているつもりなのだが、中学生の子に「ほんとは嫌ってるくせに」と言われてしまう。やさしさが見られないからである。ある日、巴は市役所の「介護保険相談コーナー」と書かれた部署を訪れる（②）。「介護保険」という重要な用語が視覚的に明確に出されている。そこの相談員から、おそらくヘルパーの情報と「グループホームあんきの家」の情報を得たと思われる。なぜなら、直後に巴はヘルパーを利用する決心をし、月水金に一人、火木に一人、サービスを開始してもらったからである（③）。同時に、巴は夫といっしょに、グループホームを見学に行く（④）。ただし、姑を入居させるためというよりも、施設を見てみたかっただけだと言う。「べつに入れようと思って見に来たわけじゃない。どういうところか、見に来ただけ。」さらに、「いざとなったら、あんきの家があると思うと、がんばれる気がするのよ」と言って、在宅介護を継続する意思を明らかにする。

しかし、巴が過労で倒れると、それを契機に老母を例のグループホームへ入居させることが決まる。もちろん、母本人は不本意である。施設に入れられるくらいなら、死んだほうがましだと思っている。彼女は施設入居の前夜、「はやく死にたいと思うけど、自分で死ぬこともできないんだ」と息子に言い、「裕ちゃん、これでわたしを殺して」、と出刃包丁を取り出す。

結局、施設への入居は決行されることになり、嫁は最後の夜に姑といっしょに寝ようと、布団を並べる。このとき、思いがけない変化がふたりの女におとずれる。姑が初めて心を開いて、自分の過去を嫁に話しはじめたのだ。しかも、寝入ったあと、半ば無意識に巴の乳房に手をおいて、「かあやん」と小さくつぶやいたのだ⑤。びっくりした巴は、しかし嬉しそうに微笑んで、義母の手をそのままにしておいた。なにげないエピソードだが、このときから義理の母娘のあいだには確実に変化が起こっていく。

翌日は、姑が施設に入るはずの日である。巴が運転する車で施設に向かうふたり。途中で動物園や茶屋に寄り道しながら、姑は前日同様、幼い日の思い出を語りつづける。昨夜「かあやん」と呼ばれた巴にとって、とうぜん姑の母親に興味がわいたはずだ。だから、「お母さんのお母さんって、どんな人だったの」と尋ねる。「きれいな人だったねえ。村でいちばんの美人って評判だったよ」

⑤

⑥

『折り梅』

と政子が答えるのと同時に、和装の美しい母と幼い姑の映像がスクリーンに登場する（⑥）。その過去のシーンのなかで、美しい母が梅の枝を折り曲げながら、梅の強さを幼い子に教えている。

　梅は桜よりよっぽど強いんやで。ほいで枝をこなに折って生けても、花はちゃあんと咲きつづけるさかい、ほいで折り梅ていうんやでえ

映画のタイトル「折り梅」への言及が、ここにある。「折り梅」は母への思慕だったのである。さらに「梅」への特別な思いが、現在の姑によって語られる。

梅はね、木ヘンにこうして母って書くだろ。だから梅は母の木。強くてきれいなおかやんの木なの。

そのあとも姑の語りはつづく。帰ってこなくなった母を待ちつづけたこと、血縁関係のない環境でドメスティック・バイオレンスを受けながら育ったこと、結婚しても夫に先立たれてしまったこと、残された四人の幼い子どもたちをひとりで育てたこと。姑はきっぱりとした口調で、話を終える――「だれにも頼らず、生活保護も受けず、水商売もせず、ただひっしに働いて四人の子を育ててきたの」。巴は深い感銘を受けながら、この姑の話を聞いているが、彼女の心に起こった大きな変化は夜のシーンで明らかになる。

夜のシーンは、息子の帰宅からはじまる。家のなかには、施設に入れられたはずの老母がいるのだ。驚いた彼に、巴は「もういちど、やってみる」、と決意を述べる。嫁が姑の介護を一身に引き受けたこの時点で、母娘関係はすでに良好な方向へ進んでいるといえるが、このあと二人の関係が最良のレベルに飛躍的に進展することになる。それは、巴がパートの同僚に紹介されたデイサービスの中野先生(出演・加藤登紀子)の新聞記事を読んだことによる⑦。デイサービスを訪れた巴に中野先生はたずねる――「萱野さん、痴呆になってからの政子さん、ほめてさしあげたことありますか?」⑧。巴は「叱ってばかりいたような気がします」と答えたあと、中野先生の「ほめてさしあげ」るという方針の説明を聞き、実践しはじめる。

変化はまもなく現れる。姑の政子はこれまで見せなかった一面を、吐露するようになるのである。それは、巴にたいする深い感謝の気持ちをストレートに表現することである。政子はデイサービスの施設で、ほかの利用者といっしょに行事に参加したり⑨-⑩、大勢のまえで心のうちを語った

⑦

⑧

⑨

⑩

『折り梅』

りする⑪。

ありがたいと思っているのに、ついつい反対なことばっかり言って、このひとを困らせ……巴さんから嫌われたら、もう死ぬしか方法はないと思っているので。意地悪ばかりする自分が情けなくて。ごめんなさいね、巴さん。ごめんなさい。

初めて聞く義母の気持ちに巴は驚き、嬉し涙を流す⑫。

デイサービスの施設からの帰り道、巴は政子の手を取って、ちょうど『アカシアの道』の母娘とおなじように、手をつないで歩く（⑬–⑭）。

デイサービスの中野先生の存在は、『折り梅』の母娘関係の展開にとって、重要な役割を果たす。政子が絵に関心を示すことに気づいた中野先生は、政子を絵画教室へ通わせることを勧める。巴は中野先生の助言を受け入れ、また先生の「ひとは、だれかに認められていると思えなければ、生きていけません」という言葉を重く受けとめる。政子が絵を描くときは、いつも巴が隣に寄り添っている（⑮–⑰）。絵が完成すると、「お母さん、これは何て題にするの？」と尋ねて、関心をもってい

⑪

⑫

⑬

⑭

『折り梅』

ることを示す。彼女は夫にも、「うまいわよ、惚れぼれしちゃう、痴呆になったら何にもできなくなるなんて、大まちがい。セザンヌだってこの絵にはかなわないわよ」、と自慢するほどになるのである。

　これまで介護はすべて妻にまかせていた夫は、介護の講習会に参加するという前向きの一歩を踏み出す。ここにも変化が見られたわけである。

　政子は巴を描きはじめる(⑱)。中学生の孫が、「ねえ、この絵は何て題にするの?」と聞くと、政子は「だいじな人」と答える。その中学生は巴に「変ったね、母さん」とコメントする、「だっ

⑮

⑯

⑰

⑱
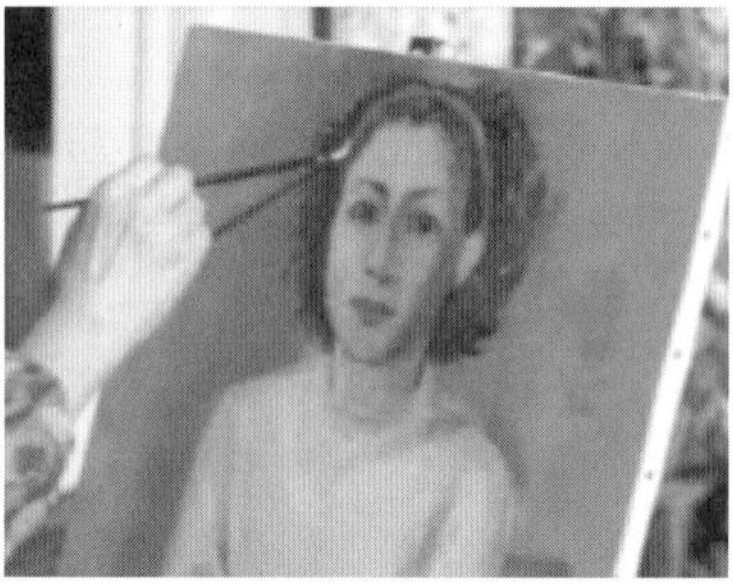

『折り梅』

て、おばあちゃんのこと、嫌ってないもん」。

認知症は進行している。映画のエンディングでは、政子は巴のことがわからなくなる。「すいませんけど、あんまり世話をかけてはいけないから、もう帰らんと」と言う政子に、帰る家が遠方なので、きょうはここに泊るように、と巴は勧める。政子は自分の名前も住所も、幼少時代のものしか覚えていないのだ。それでも、ふたりは世間話を楽しそうにして、仲良く菓子を食べる。

「死にたい」とか「殺して」という言葉は、たしかに政子の口から出たが、それもすぐ消し去られるほど、生きることの圧倒的な強さに溢れた映画である。「痴呆になったら何にもできなくなるなんて、大まちがい」という確信が、映画の全篇をつらぬいている。患者と介護者の母娘関係は、憎から愛へと転換されたのである。

第七章　ホームに入居する――二〇〇〇年代(3)

＊『そうかもしれない』

『そうかもしれない』(保坂延彦監督)は二〇〇五年に公開されているが、女の患者をその夫が在宅にて介護するという一九九〇年代の家族関係を描いている。患者はこれまでどおり女であるのだが、介護する人が女ではなく、もういちど男になる。一九八〇年代の『人間の約束』や一九九〇年代の『午後の遺言状』『ユキエ』における患者と介護者の設定に戻り、老いた妻を老いた夫が自宅で介護するというパターンが復活する。

妻ヨシ子(出演・雪村いづみ)の診察のため、夫婦そろって病院を訪れたときのこと。女医は老人福祉課(現在は高齢者福祉課と改名)に連絡を取ってあげようと言い、「今はいろいろサービスもあります」と介護サービスが充実してきたことを述べる(①)。

①

②

③

④

『そうかもしれない』

とにかくご主人、あなたのがんばり次第です。良くも悪くも。市の老人福祉課、電話わたしから入れときましょう。今はいろいろサービスもありますからね。はい、おだいじに。

このあと、訪問介護がはじまるのであるが、要介護認定の申請は映画では省かれている。いきなり市の福祉課から訪問介護員・玉木が高山家に派遣されて、ヨシ子の髪を切ってやっている場面が出てくる(②)。帰りぎわに、彼女は高山(出演・桂春團治)に今後ヨシ子が受けるサービスについて話す(③)。その内容から、デイサービスの一日コースに通いはじめることがわかる。なぜなら、

「ホームから迎え」(送迎車)が来るとか、「広くていいお風呂」に奥様は喜ぶだろうとか、「下着」をかならず持参するように、と述べているからである。

では、来週の火曜の十時。ホームから迎えが来ます。市の福祉事業の一環ですから、遠慮なさることありません。とにかく、広くていいお風呂ですから、奥様、喜びますよ。そうそう忘れてた、下着、洗濯したもの、かならずいっしょに持ってきてくださいね。

通常ならケアマネージャーがケアプランを作成し、利用するサービスを決定する。ケアマネージャーは二〇〇〇年の介護保険法が施行されると同時に創設されたため、この映画がつくられた二〇〇五年には、すでに社会に定着していた職種であったが、映画には登場しない。

老人福祉課に連絡してヨシ子に訪問介護サービスを受けさせたのは、女医であった。ふたたび女医が登場して、ヨシ子をホームに入居させるという新たな提案をする(④)。ヨシ子の病気は進行していた。髪を切ってもらう訪問介護のサービスを利用するとか、入浴のあるデイサービスを利用するといった介護内容は、あくまで在宅介護を前提としたサービスである。その在宅での介護が困難であるという判断が、女医から下されたのである。

女医　限界ですよ、高山さん。これからです、奥さんの体、いうことがきかなくなる。あな

ただって疲れてきます。手続きしましょう。市のほうもそういう考えでしょう
高山　ええ、玉木さんが
女医　ホームでは完ぺきにお世話してくれますよ

女医は認知症の妻ヨシ子を「ホーム」に入居させることを強く勧める。「手続きしましょう」と述べ、「市のほうもそういう考えでしょう」と念をおす。「ええ、玉木さんが」と高山が応答しているため、在宅での介護サービスを提供していた玉木でさえ、在宅介護は無理と判断して、ホームに入居することを勧めるほうに転じたことが推測できる。

この「ホーム」とよばれる施設は、やがて少ない費用で長期に入居できる公的な「特別養護老人ホーム」とわかる。高山の本を担当している出版社の時岡(出演・下條アトム)は、こう言っているからである。

時岡　特別養護老人ホームですね、そこ
高山　ええ
時岡　寂しくなるとは思うけど、奥さんのためには、そうしたほうがいいと思いますよ

特別養護老人ホームは入居条件として「要介護三」以上の介護度を定めているため、ヨシ子はそ

うした要介護認定を受けていたことがわかる。二人は風呂敷包み一つとボストンバッグ一つだけを持って、ホームへ向かう。

妻をホームに入居させたことに、高山は後ろめたさを感じている。「ヨシ子さんから逃げたんじゃないか」という気持ちを、自分を診察してくれるかかりつけ医に告白している。

高山　わたしはヨシ子さんから逃げたんじゃないかと、このごろ思うんです

医師　ホーム？　知らなかった。しっかりしてたのに

高山　いないんです、ヨシ子さん。ホームに入ったんです。最近、手に負えなくなって

ホームに入居した妻を、高山は定期的に訪問している⑤。しかし、まもなく高山自身ががんのために入院すると、動けない高山に、こんどは妻を会いに行かせようとして、ホームの志田（出演・烏丸せつこ）が奮闘する。思いやりの深い職員たちが働く施設として、このホームは描かれている。盛装して車椅子ごとホームの社用車に乗るとき、志田はヨシ子にこう声をかけている――「高山さん、出発しますよ」。介護関連の施設では、利用者をファーストネームで呼ぶことが慣例となっている。したがってここでは「ヨシ子さん、出発しますよ」と言うほうがしっくりくる。

夫の病室へ着くと、付き添っていた志田がヨシ子に、「ご主人ですよ」と話しかける⑥。それに対してヨシ子は、「そうかもしれない」とうつろな顔。このヨシ子の言葉が、映画のタイトルに

なっている。

二人の再会後、それぞれの場所で孤独な二人の様子が映し出される（⑦-⑧）。この直後、高山は死ぬ。夫の死後、ヨシ子は家に一時帰宅する。そのとき庭をながめるヨシ子にふと過去の記憶がよみがえる。エニシダを庭に植えている高山の姿が、モノクロで出てくるが、これはヨシ子が見ている幻想である。ここで映画は終わる。

ヨシ子の記憶に夫がよみがえったとしても、彼は死んでしまっている。このあと彼女は特別養護老人ホームで、志田さんはじめ親切なスタッフによって手厚く介護され続けるであろうことは、予

⑤

⑥
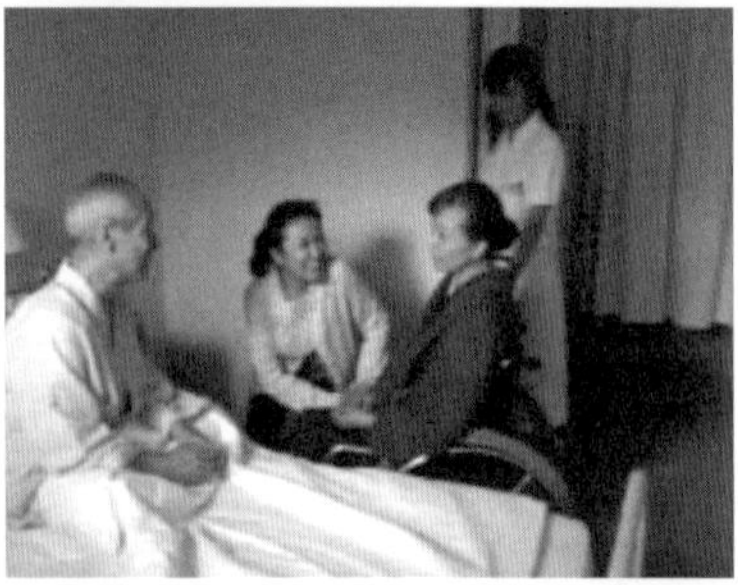

⑦

⑧
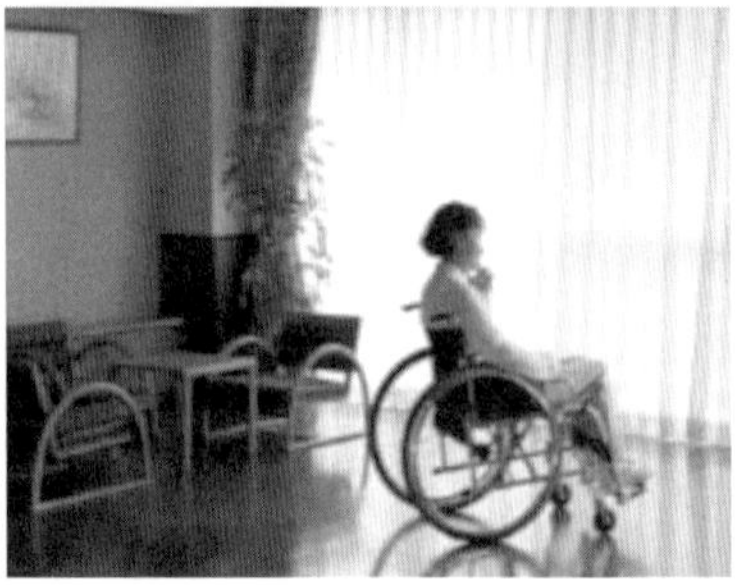

『そうかもしれない』

想できる。この映画が「患者は妻、介護者は夫」という一九八〇〜九〇年代のパターンに立ち返ったとしても、決定的に異なるのは、家族の介護者が消えてしまい、最終的に患者が家族以外の者の手にゆだねられる点である。施設のスタッフが患者の介護者になるのである。

このように家族以外の者が介護者になる例は、二〇〇〇年代初めの日本映画においては、まだ稀有であった。主流は「家族のだれか」が介護者となるケースであり、血のつながっていない人が介護者になるケースが出現する外国映画[19]とは異なっていた。やがて、日本映画の舞台に施設が主役として登場し、施設のスタッフが介護者として生き生きと描写されるようになる。在宅介護で家族が苦しむよりも、施設で楽しく介護されよう、というメッセージが映画の視聴者へ送られるようになるのは、二〇一〇年代になってからである。

註

(19) アメリカの『きみに読む物語』(二〇〇四年、ニック・カサヴェテス監督)、カナダの『アウェイ・フロム・ハー 君を想う』(二〇〇六年、サラ・ポーリー監督)、韓国の『私の頭の中の消しゴム』(二〇〇四年、イ・ジェハン監督)など。

第八章　介護保険制度を駆使——二〇一〇年代

＊『ペコロスの母に会いに行く』

介護という点から考えると画期的といえる映画が、二〇一三年に公開された。森崎東監督の『ペコロスの母に会いに行く』である。キネマ旬報ベストワンに輝き、多くの受賞を果たしたこの映画は、『そうかもしれない』と同じように、患者は女、介護者は男に設定されていて、一九八〇～九〇年代の主流に立ち戻っているように見えるが、じつはこれまでに一度もなされたことがない試みが実践されている。介護者の男が、夫ではなく「息子」なのである。息子はこれまでにも介護映画に出ることはあったが、『恍惚の人』や『花いちもんめ。』や『折り梅』の例のように、嫁という介護者のかたわらにいるというだけであり、積極的かつ実質的に介護を担っているわけではなかった。

息子が介護者として設定されていることのほか、もう二つ、この映画には斬新な要素が加えられている。ケアマネージャーが初めて登場すること、そして介護施設が映画の始めから終わりまで主な舞台として設定されていることである。介護施設の讃美映画といってもいいほど、施設の細やかなケアぶりが描かれている。現存する施設名(さくら館、ツクイ)が使われていることは、この映画が現実を反映していることをアピールする方策ともいえる。映画の主な舞台は「グループホームさくら館」といい、実在する有料老人ホーム・デイサービス「さくら館」がロケ地として使われている。認知症にかかった主人公が親しかった女友だちを訪ねる先が「ツクイ」であり、実在する介護事業ネットワーク「ツクイ」のシンボルマークも使われているのである。

この映画が公開された二〇一三年の前後には、認知症映画が続けて公開されている。二〇一二年には『わが母の記』(監督・原田眞人、出演・役所広司、樹木希林)という日本アカデミー賞を複数受賞し、世界の映画賞の受賞やノミネーションも数多かった映画が公開され、二〇一四年には『サクラサク』(監督・田中光敏、出演・藤竜也、緒形直人)が公開された。しかしこれらの映画には介護は出てこないため、「介護映画」を考察する本書のパースペクティヴから外れる。

『ペコロスの母に会いに行く』のなかの母は、認知症の症状がかなり進行している岡野みつえ(出演・赤木春恵)。心配する息子の雄一(出演・岩松了)はケアマネージャーに相談する(①)。そのとき手渡されたグループホームのパンフレットを、雄一は喫茶店でしげしげと見ている(②)。それに気づいた友人で喫茶店の店長は、「何、それ?」と声をかける。「介護施設のパンフたい」と答えて、雄一は母を預けるつもりであることを話す。友人は「そなことするったぁ」「親ば捨てるたぁ」と責め口調になる。雄一はシングルファーザーであり、嫁がいる友人に文句をいう――「そっちはかみさんおるけん、よかぁ」。介護の担い手は嫁であるという認識が、ここに見られる。その嫁がいない雄一は、母をホームに入居させるしかない、というのである。友人に「ごめん」と謝られても、「おれもう、どげんしたらよかか、わからん」と苦悩の表現を浮かべる。そこへホームのパンフレットがクロースアップで登場し③、雄一の気持ちがこのホームに吸い寄せられていることがわかる。じっさい、映画の主要な舞台は、このホームになっていく。

パンフレットが示していた「グループホーム　さくら館」へ雄一と息子が見学に行くシーンが、つぎに続く④。ふつうの二階建ての家のように見えるこのホームには、十名ほどの利用者が入居

①

②

③

④『ペコロスの母に会いに行く』

していて、五名の介護スタッフにケアされている。やがてこのホームへ、みつえが連れていかれる(⑤)。

ホームのなかは活気があり、みなで力強く「青い山脈」を歌っている(⑥)。歌のシーンだけでも溢れるエネルギーを感じさせるが、この映画には従来の介護映画に見られない要素がほかにもある。高齢者のセクシュアルな面に目を向けたことである。ひとりの男の利用者は、女の介護スタッフの背後から抱きついて、彼女の胸を触る(⑦)。それに対して、このホームではかなり寛大に対処しているらしく、だめですよと言うだけなので、男の利用者は何度でも同じ行為をくり返す(⑧)。

⑤

⑥

⑦

⑧『ペコロスの母に会いに行く』

介護の現状でも、利用者がスタッフにセクシュアル・アプローチをする例は見られるようである。髪をのばした男のスタッフが長いタオルを首にかけていたら、タオルの先端が二つの乳房に見えたらしく、スタッフを女と思い込んだ利用者が胸を触ってきたことがあった。そのスタッフは利用者の手を取って、自分のペニスに押しつけながら、「ほら、おちんちんあるでしょ」と言い聞かせたという。

外国映画では介護施設におけるセクシュアルな面は、日本の介護映画とは異なる描写になっている。カナダの例を取ると、『ペコロスの母に会いに行く』より六年前に公開されたサラ・ポーリー監督の『アウェイ・フロム・ハー』（二〇〇七年）では、利用者どうしの恋愛やセックスに関する言及がある。介護スタッフは証言する――「相手についてろくに知らないのに、女性が男性のベッドにもぐり込むケースが多いの。男性を追いかけるのよ。」主人公グラント（出演・ゴードン・ピンセント）の妻フィオナ（出演・ジュリー・クリスティ）は、認知症が進行していることを自覚し、夫に迷惑をかけまいとしてグループホームに相当する施設へ入居するのであるが、一カ月もすると夫のことがわからなくなり、施設に入居していた男を深く愛するようになっていく。夫は施設を訪問するたびに、自分の妻がほかの男と触れ合っているのを見ざるをえず、施設はそれを許しているため、つらい思いを募らせていく。映画のタイトル「アウェイ・フロム・ハー」は「彼女から離れて」という意味であるが、「彼女からは離れられない」という映画のモチーフがやがて夫にある決断をさせることになる。

介護映画からセクシュアルな面を切り離すことができないのが、このカナダ映画である。介護施設へ入居した日、去っていく夫に妻が言った言葉は、「私を抱いてから行って欲しいの」という日本語字幕が付いているが、原語の英語でははっきりと「セックスしてから行って欲しいの」と話している。文字どおり、夫婦はセックスをしてから別れた。これほどセックスを前面に打ち出す介護映画は、日本文化のなかで制作されることは、これまでになかったし、今後もないであろう。

『ペコロスの母に会いに行く』のなかに描かれた介護は、希望がもてる方向を指し示している。介護の描写のなかで唯一つらいシーンは、母みつえの入居日のシーンだけに限定されている。別れは、どんな形のものであっても、つらい。その点がきちんと描き出されているところに、この映画の深みが感じられる。みつえは自分だけが置いていかれるとは思ってもいなかったので、雄一といっしょに帰ろうとする。それを制されると⑨、助けを求めるように雄一のほうへ手をのばしながら「ゆういち、ゆういち、ゆういちぃ」と呼び続ける⑩。雄一は背を向けて車に乗り込み、バックミラーに映る小さな母をずっと見つめる⑪。

この別れは悲しいが、映画のなかではその後、母は施設に順応していき、雄一のことをときどき忘れるほどである。雄一はそうした母を受け入れながら、自宅と施設のあいだを行き来して、母との絆を強めていく。施設近くの散歩道を、母の車椅子を押しながら歩く雄一の顔は穏やかである⑫。施設での入居生活をポジティヴに描く本映画は、施設に入居することを積極的に賞賛するスタンスをとっている。

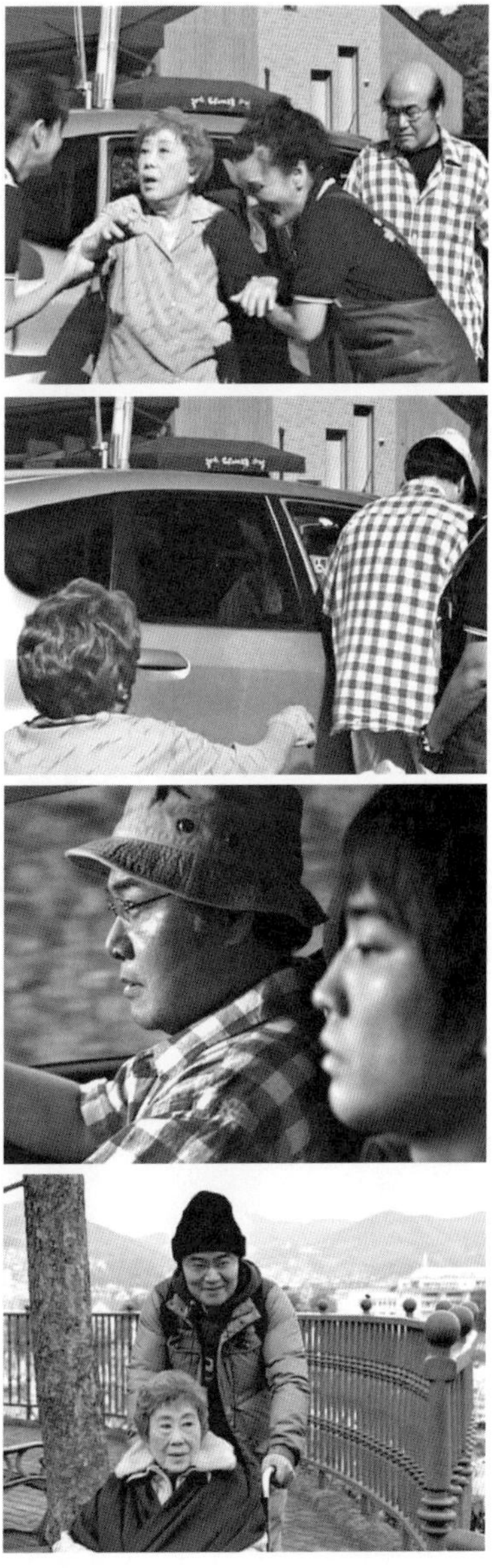

⑨⑩⑪⑫『ペコロスの母に会いに行く』

　こうして介護映画は、自宅で嫁が介護を全面的に担うという「嫁依存型」から、ケアマネージャーの助言を得て介護施設へ入居するという「制度活用型」へ大きく変化を遂げていった。

　今後の介護映画では、施設の描写がもっと増していくかもしれない。じっさい映画の最初から介護施設が舞台になるような映画づくりが試みられている。たとえば特別養護老人ホームを舞台とした『ケアニン　あなたでよかった』(二〇一七年、鈴木浩介監督)とその続編『ケアニン　こころに咲く花』(二〇二〇年、鈴木浩介監督)。介護福祉士はケアニンと呼ばれている。ケアをする人(にん)だから、と映画のなかに説明がある。ただし、そうした映画が重要性を増していっても、自宅での介護はやはり映画のなかに存続するであろう。介護がまず自宅ではじまるという現実がなくならないかぎり。

二部構成から成る本書は、ここに幕を閉じようとしている。第一部では、介護者として辿った道をつづった。それらリアルな（現実の）介護関連サービスや施設が、映画というフィクションのなかでどのように描かれているかを、第二部で検出した。第二部の映画論は徹底的に「介護」のテーマに的を絞り、「リアルな介護」が「フィクションの介護」にどのように反映されているかを解明した。一九七〇年代から二〇一〇年代までの「映画における介護の変遷」を概観できるよう、配慮したつもりである。介護のありかたは、これからも変化していく。介護保険法も改訂を重ねることによって、変化し続けていく。そうした現状を反映する介護映画では、人間関係の様相にどのような変化が起こっていくだろうか。今後も見守っていきたい。

あとがき

「お父さんは、どうなさっていますか？」

「寝たきりです」

この短い会話は、何度もくり返された。父は大きな彼専用のフランスベッドで、安らかな呼吸をして眠り続けている。わたしは本当にそう信じていた。ときに「おーい」という父の声が聞こえて、ベッドのほうを振り向くことがあった。同時に、「違う、父は死んでしまった、焼かれて骨だけになって、その一部を知多半島南端へ散骨に行ったではないか」、と叫ぶわたしがいた。


父の死の直後、わたしはぼんやりしていたわけではないのに、高所から落下した。それも二度続けて。最初は昇りのエスカレーターで上へ上へと動いているとき、とつぜん背中をぐいと引っ張られる感覚が起こり、そのまま背中から下へと落ちていった。昇降路の最下部まで落ちたとき、わたしの体は何本も伸びてきた親切な手によって、エスカレーターの外へ助け出された。そのうち一本の手にはショートケーキの袋が握られていたのが鮮明に見えた。ケーキはきっとつぶれてしまっただろう。

つぎの落下は、四メートルの高さからであった。雨が降る朝、父が愛用していた特大の脚立を地面に立てて、柿の木に登った。父がわたしに託した仕事のひとつ、庭の木々の剪定をするためだった。雨が降っていたせいで地盤がゆるんでいたことは、百も承知だった。それにもかかわらず、何かに誘われるように四メートルまで登っていったのだった。一瞬の出来事だったが、脚立が音をたてて倒れると、わたしは放り出され、真っ逆さまに地面へ叩きつけられた。大きな衝撃を感じ、起き上がろうとするとズブッ、ズブッと鈍い音がわたしの体のなかから聞こえてきた。肋骨が四本、折れた。さらに、肺のなかに大量の血が溜まって血胸の状態になってしまい、酸素濃度は八十六〜七という低レベルで推移した。そうした危険な状態でありながら、わたしは痛みも苦しみもそれほど感じなかった。しかし医師たちはわたしを放っておかず、赤十字病院(名古屋第二)で緊急手術がほどこされ、胸腔ドレナージで一・五リットルの血が体外へ排出されたおかげで、半分ほど潰れていた肺は元の形に近づいた。入院中も通院時の抜糸のときも、呼吸器外科の渡邉裕樹医師の世話になった。

転位して折れた肋骨がなかなかつながらず、バストバンドを巻きつけたままの生活のなかで、国分寺病院の川本清医師と出会った。骨折に詳しく、わたしのケースを分析してくれた。そのおかげで、仮骨ができて骨がつながることを信じながら忍耐強く待とう、と決心できた。

こうした落下事故のあと、父がわたしにこの本の執筆を促したように感じた。ちょうど彩流社の河野和憲社長とつぎに出版すべき本のテーマを話し合っていたのだが、不思議な巡り合わせなのか、彼は「そりゃ、介護でしょ、介護しかないでしょう」と、候補だった三つのテーマを抑えて、「介護」を推奨した。

介護の本の執筆が進んでいくと、父が介護されていた事実を再確認でき、介護がどれほど日本社会にとって重要であるかということを痛感した。それと同時に、父はもはや存在していない、という事実を直視できるようになっていった。八事火葬場の心優しい久納衛技士が、父の骨と灰を大切に拾い上げてくれたことも、穏やかに回想できるようになっていった。

現実感が少しもどったとき、車を運転しはじめた。落下によって弱った体では、自転車を転倒させずに走らせることが、むずかしくなったからだ。「車を使うしかない」と思い、新車を買った。わたしはゴールド免許保持者とはいえ、ハンドルを握らなかった二十年のブランクがある。コロナ禍で車の生産が遅れ、納車が数カ月後になるのは、むしろ歓迎だった。待っている間にペーパードライバー用の講習を受け、さらにレンタカーを借りて毎日練習することにした。もっとも有効だったのは、東海マツダ販売課の前川侑志マネージャーが試乗車にいっしょに乗り込んで、ナビゲーターをつとめてくれたことである。「止まれを無視した、止まれって日本語で書いてありますよ」、「左ガードレールにぶつかりそうで、ヒヤッとしました」、「急に進路変更したら、追突されてもおかしくない」と、試乗のたびに助手席からコメントを発してくれた。

車の運転をふくめ、自分の体験を記すことは、考えたこともなかった。わたしは研究者なので、書くものは学術書や論文ばかりだった。学術的著作の場合、自分のオリジナリティをいかに打ち出すかが肝心であり、苦労するところである。ところが、そうしたオリジナリティは本書のなかでは、意図せずして表出されている。なぜなら、この本はわたしの介護の体験から生まれたもので、記述された内容はわたし本人しか書き得ないオリジナルなものだからである。そのため、いわゆる参考文献は本書にはない。ところどころに付けられた註は、インターネット上で公開されている情報を、最小限提示するためのものである。

最近になって、わたしは「介護の日」があることを知った。厚生労働省が二〇〇八年に「十一月十一日」を介護の日と定め、「介護について理解と認識を深め、介護従事者、介護サービス利用者及び介護家族を支援する」ことなどがモットーとして掲げられている。[20] 介護について何も知らなかったわたしに知識を授けてくれたのは、父とわたしの共通の友となったスーパーヘルパーである。介護の現場における日常を語ってくれたのも、彼である。呼吸が止まった父に代わって、この本が息吹きはじめたのは、われらの友が「主人公」として物語のなかに登場することを厭わなかったおかげである。

脱稿した日に、二つの不思議なことが起こった。

一つ目は、家の門の前に佇む父の姿が、とつぜんインターネット上に出現したこと。グーグルマップでストリートビューを見ていたら、二〇一五年六月の父に出会ったのだった。父はスーパーから帰ったところらしく、レジ袋をぶら下げて門を開けようとしていた。わたしの目は釘付けになった。さらに二〇一二年一月へタイムスリップすると、こんどは父が大好きな庭仕事をしている姿で

2015年6月の父（自宅の門を開けるところ）© 2021 Google

2012年1月の父（フェンスの右寄りで庭仕事）©2021 Google

現れた。なぜ、こんなにつぎつぎと父はわたしの前に現れるのか。

　二つ目は、まさに脱稿した時間帯に、見ず知らずの人からのメールが着信したのであるが、その人がなんと介護のプロだということ。これまで介護と無縁だったわたしの元へ介護の人からメールが来ること自体、驚きであるが、この人は二十五年間介護職に従事し、ある県の介護福祉士会会長まで務めたという筋金入りなのである。メールのやり取りが始まり、三通目に着信したメールはこう結ばれていた――「もし私で先生のお役に立てることがございましたら、いつでも仰ってください。（必要があれば、どこでも参上します）」[21]。わたしは介護のプロに助けられながら、介護の深淵へ潜りこんでいく運命なのだろうか。

この本は介護の利用者（父）と提供者（介護福祉士）の類いまれな物語をつづったものである。第二部で映画を考察するさいにも、つねに二人の言動を思い起こしていた。不思議な縁で結ばれた二人に、祈りにも似た敬虔な心をもって本書を捧げたい。

二〇二一年十二月四日

父・今泉清己

介護福祉士・若松啓二

註

(20) 厚生労働省「介護の日について」https://www.mhlw.go.jp/houdou/2008/07/h0728-2.html 二〇二一年十一月二十六日閲覧。

(21) 二〇二一年十一月二十六日午後十二時十一分、岡山県立大学・口村淳准教授から今泉容子へ初メールが着信。三通目のメールは同年十二月四日に着信。

索引

よ

ら

り

ろ

わ

【著者】
今泉容子（いまいずみ・ようこ）
筑波大学名誉教授。名古屋市生まれ。名古屋大学大学院博士課程在学中に米国留学、イエール大学から1985年に博士号（Ph.D）を取得。文学博士。専門は映画研究および英文学研究。名古屋大学、筑波大学にて教鞭。フルブライト、ハーヴァード・イェンチェン、ブリティッシュ・カウンシルなどのフェローとして米国や英国にて研究。後年、それらの研究助成の選考審査委員を務める。主な著書に『［改訂増補］映画の文法』『スクリーンの英文学』『ブレイク　修正される女』（彩流社）、『日本シネマの女たち』（筑摩書房）、『女の市民たちの変貌　日本映画の市民史』（筑波大学比較市民社会プロジェクト）等がある。

Sairyusha

いつか来《く》るとわかっていた介護《かいご》
――その現状《げんじょう》と映画《えいが》

二〇二二年十月二十二日　初版第一刷

著者――今泉容子
発行者――河野和憲
発行所――株式会社 彩流社
〒101-0051
東京都千代田区神田神保町3-10大行ビル6階
電話：03-3234-5931
ファックス：03-3234-5932
E-mail：sairyusha@sairyusha.co.jp
印刷――明和印刷（株）
製本――（株）村上製本所
装丁――中山銀士

ISBN978-4-7791-2809-7 C0036
http://www.sairyusha.co.jp